絶対食べたい

ベトナムごはん

ベトナム料理★ビストロ　オーセンティック
森泉麻美子★中塚雅之

ZETTAI TABETAI
VIỆT NAM GOHAN

産業編集センター

ベトナムへ愛を込めて

この本は、ベトナムを旅しようと思われる方に、どうすればより一層その旅行を満足したものにすることができるのだろうというある意味壮大なテーマを掲げています（笑）。20年におよぶ私たちの旅の中から失敗や成功を抽出し、行く先々のおいしかったもの、せっかく行くからには立ち寄っていただきたい場所、とりわけベトナムという超絶おいしい国を余すことなく、密度高く味わってほしいという2人の思いを込めて作らせていただきました（といっても書いたのは森泉ですが（笑））。

ベトナム、その名前を口にするとき、私の頭にはいろいろな思いが交錯し、いわゆる「サウダーデ」の境地におち入るのです。

未だに食べ尽くせない料理たち、いろいろな場所で体験した出来事の織りなすベトナム絵巻の世界へ、読者のお一人お一人を誘えたならば、私たちの無上の喜びです。

喜びと驚きの織りなす素敵なご旅行を!!　そして美味しいご旅行を!!

中塚雅之

学生時代に東南アジアの勉強をした。とても怖くなって、ベトナムには一生行かない、と肝に銘じた。東南アジアは魅力的で、ちょっとずつ遊びに行くようになったが、やっぱりベトナムには行かなかった。でも、不思議とベトナムへの扉は繋がっていて、こうしてもう20年通っている。

気が付くと、いろいろと回りたいと思うようになったが、なかなか叶わず。時間に追われているうちに、母が亡くなった。「やりたいことは、やれるときにやらないとな」と改めて思った。そんなタイミングで、「本の企画があるのですが」と連絡をいただいた。「ベトナム各地を回ってもらいたい」という内容だった。いつも思う。流れには逆らってはいけない。これも何かの啓示なのだ。

そして、2年半があっという間に経過し、この本ができた。ずっと気になっていたことがクリアになり、ますますベトナムが好きになった。今になれば、絶対に行きたくないは、とても気になってしょうがない、だったのかなと思う。

森泉麻美子

政体：社会主義共和国
首都：Hà Nội（ハノイ）
面積：32万9241㎢

人口：約9467万人（2018）
国境：中国・ラオス・カンボジアと隣接
時差：日本より2時間遅い
公用語：ベトナム語
民族：キン族（越人：約86%）＋53の少数民族
宗教：仏教（約80%）、キリスト教、カオダイ教など
通貨とレート：đồng（ドン＝VND）
1万VND≒46.5円
（2019年6月現在）

Việt Nam

ベトナム社会主義共和国

ベトナムとは？

ベトナムは南北に全長約1650㎞と細長く、乱暴に言うと本州に北海道をド〜ンとくっつけたような形をしています。面積は日本の87%、国土の4分の3が山地。人口比率的に、何となく日本に似ています。南国のイメージですが、首都ハノイは亜熱帯気候、中部ダナンは熱帯モンスーン気候、南部ホーチミン市は熱帯サバナ気候です。（ケッペンの気候区分より）

ざっくり歴史をたどると、中国の属国だった時代が1000年、フランス統治下の（仏領インドシナ）時代が100年あり、さらに今のベトナムになったのはベトナム戦争終結後の1976年のこと。気候だけでなく、歴史的にもとても複雑な経過を辿っているため、地域ごとに建物、風景、食べ物に違いが見られます。

今回はベトナムを大きく、北部・中部（中南部）・南部の3エリアに分け、ベトナムの豊かな食文化やおいしい食べ物をご紹介します。

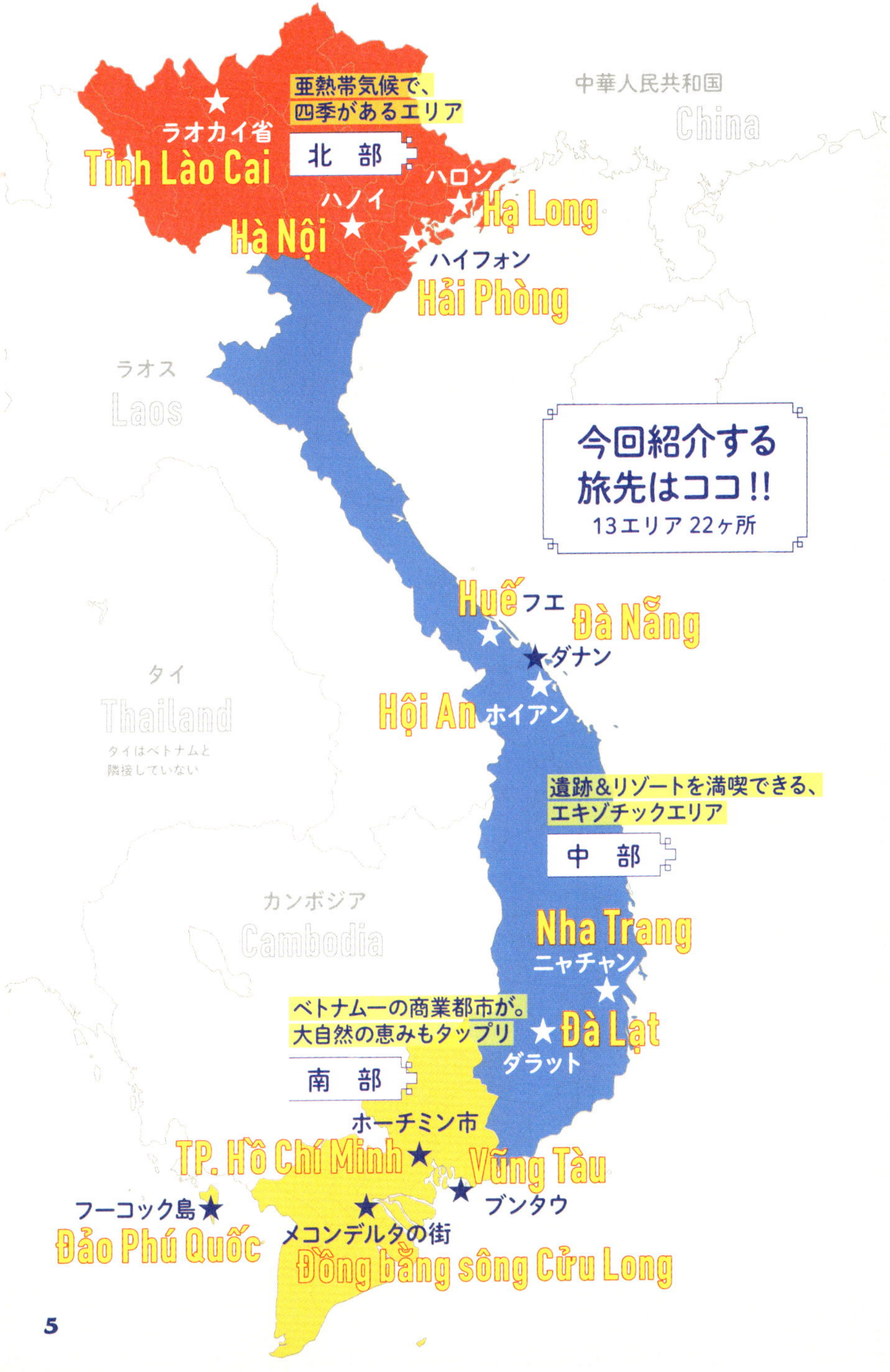
亜熱帯気候で、
四季があるエリア
北部
ラオカイ省
Tỉnh Lào Cai
ハノイ
Hà Nội
ハロン
Hạ Long
ハイフォン
Hải Phòng
中華人民共和国
China
ラオス
Laos
今回紹介する
旅先はココ!!
13エリア 22ヶ所
Huế フエ
Đà Nẵng
ダナン
Hội An ホイアン
タイ
Thailand
タイはベトナムと
隣接していない
遺跡&リゾートを満喫できる、
エキゾチックエリア
中部
カンボジア
Cambodia
Nha Trang
ニャチャン
ベトナム一の商業都市が。
大自然の恵みもタップリ
Đà Lạt
ダラット
南部
ホーチミン市
TP. Hồ Chí Minh
Vũng Tàu
ブンタウ
フーコック島
Đảo Phú Quốc
メコンデルタの街
Đồng bằng sông Cửu Long

もくじ Contents

第3章 南部

ダラット	124
ニャチャン	136
地図	148
ホーチミン市	150
ホーチミン市・チョロン	170
ブンタウ	176
ビンズン省・ライティウ	187
ザボン村（ドンナイ省）	190
メコンデルタの街	194
カントー、ミトー、ベンチェ、ヴィンロン	
フーコック島	210
あとがき	222

＊本書の情報は2019年6月時点までのものです。実際に行かれる前にネットなどで最新情報を調べることおすすめします。
＊値段は1万ドンを46.5円と換算し記載しています。
＊料理の注文がしやすいよう、なるべくベトナム語表記も記載しています。
＊カタカナ表記は「・」を入れるようにしていますが、スペースにより省略している箇所もあります。

第1章

亜熱帯気候で、四季があるエリア

北部

言わずと知れたベトナムの首都。人口は約742万人とベトナム第2位。2010年に遷都1000年を迎えた古都でもある。市内には紅河（ホン川：Sông Hồng）が流れ、湖も多く、名跡も多い。ベトナムの政治・文化の中心地とも言われる。

Hà Nội ハノイ

ハロン

ハノイから東に約170㎞。海の桂林とも称されるベトナム随一の景勝地ハロン湾（Vịnh Hạ Long）が有名。ハロン湾には約1600もの島と小島が浮かび、1994年世界遺産に登録された。ハノイからのツアー人気№1。

Hạ Long

Xã Bát Tràng バッチャン村

ベトナムを代表する陶磁器「バッチャン焼き」で知られる村。ハノイから13㎞ほどの紅河沿いにある。人口約5000人の小さな村。

Hải Phòng ハイフォン

ハノイから東に約130㎞。北部最大の海軍の町。人口約200万人で第3位。ベトナム5中央直轄市の1つ。北部の一大工業地帯で日本企業の工場も多いが、紅河の河口に位置し、紅河デルタを形成し米の産地、漁業の要所でもある。

中華人民共和国
China

花モン族の「日曜市」が有名。ラオカイからバスで1時間半ほどだがサパからツアーもある。

バックハー
Bắc Hà

サパ
19世紀フランス統治下時代に、避暑地として発展。少数民族が暮らす。

Sa Pa

Cát Cát

Tỉnh Lào Cai
ラオカイ省

首都ハノイから北西へ240㎞ほどの中国国境エリア。省都はラオカイ（Lào Cai）。サパ（Sa Pa）、バックハー（Bắc Hà）など、少数民族が暮らすエリアもあり、観光地としても人気。亜熱帯気候だが、1、2月には雪が降ることも。東南アジア一の霊峰ファンシーパン山がある。

Lào Cai
ラオカイ

漢字だと「老街」。紅河を挟んで対岸は中国雲南省。

カットカット村
サパから3㎞に位置する黒モン族の村。手軽なハイキング感覚で行ける。

北部は、ベトナムとしての歴史が最も古い地域。北は中国、西側はラオスとの国境になっています。東側は海。ラオカイ省からハイフォンまでを流れる紅河（ホン川）には紅河デルタが形成され、ベトナム2大米作地帯に。サパに広がる棚田も、美しいことで知られています。

四季があるので季節ごとに農作物の変化があり、海の幸、川の幸にも恵まれていて、この地域ならではのおいしい名物がたくさんあるエリアです。

ラオス
Laos

Hà Nội

ハノイ 名物

「北部を代表」する麺 フォー

Phở

ベトナムといえば「フォー」（米から作られる、ちょっと柔らかい平麺）。これ、日本ではすでに常識。確かに、正しいといえば正しい。でも実際はちょっと違う。

「日本を代表する麺はそばだ」と言われたら、西日本から「いやいや。うどんでしょう」という声が出ると思う。まぁ、そんな感じ。ベトナム各地にさまざまな麺がある。

ベトナムでフォー屋さんが多いのは、北部と南部。ハノイにもホーチミン市にも、至る所にフォー屋さんがあり、フォー屋台も多い。フォーを日常食にしているエリアは広いし、人口も多い。ただし、南部にはさらに「フーティウ」という名の名物麺がある。

前置きが長くなったけれど、結局、フォーは北部発祥の麺で、ハノイのお隣・ナムディン省で生まれたらしい。フォーについてネットで調べると、100以上の話が出てくるが、昔の文献が途中で切れていて、うまく繋がらないそうだ。結局、フランス由来説、中国由来説、ベトナム独自のものの3つの説があって、今なお、さまざまに語られている。

いずれにしても、100年ほど前（1900年近辺）にフォーという麺と、牛肉が組み合わさり、後にハノイでポピュラーになり、今のような汁麺「フォー・ボー」が完成した。

フォー・ボー

Phở Bò

その後、1930年代に、鶏肉のフォー「フォー・ガー」も登場したようだ。

話を一度、日本に戻そう。日本でベトナム料理が知られるようになったきっかけは、「ベトナム戦争による難民の受け入れ」。難民の方が生活の糧に料理店を始めたのがベトナム料理の黎明期という。当時の諸事情から、日本のベトナム料理店で作られるフォーは、ほとんどが「フォー・ボー」ではなく、「フォー・ガー」だった。それで日本で最初、「フォー＝鶏肉」になったのだが、その後、今度は、「現地ではフォーといえば牛」という話が知られるようになり、今日に至る。

さらに、「牛の半生肉をしゃぶしゃぶして食べる」のが本場の食べ方、という話も浮上した。「炒めた牛肉や、ゆでた牛肉のフォーは、本場の味ではない」という話を、オーセンティックの店内で、何度も聞いた。

話が取っ散らかってしまった。整理したい。

1、フォーは北部発祥の麺料理で最初は牛。

2、現地では牛肉のフォーでも種類がある。牛半生肉をのせる「フォー・ボー・タイ」、煮た肉をのせる「フォー・ボー・チン」（ホーチミン市だとチン＝炒め肉）、さらに内臓類をのせることもある。

3、フォーボーの方がお店が多いが、フォーガーの人気店もある（これはハノイ、ホーチミン市ともに似たような感じだ）。

4、主なフォーは牛肉と鶏肉のどちらかだが、海鮮フォーも存在する。でもこちらは新顔。

フォー・ガー
Phở Gà

海鮮フォー
（フォー・ハイサン）
Phở Hải Sản

ハノイのフォーいろいろ

手元の写真の都合で、今回はフォー・ガーを中心にご紹介

女性がやっているお店。おしゃれ♪

❶スープは鶏肉＋各種香味野菜＋香辛料　❷内臓系の具材もある　❸トッピングのねぎと香菜
❹チャインとチリソース、生唐辛子、酢。別料金で油条（ベトナム揚げパン：クワイ :Quẩy）もあった

食べるならココ♪ 王道3店

★ Phở Gia Truyền（フォー・ザ・チュエン）
49 Bát Đàn, Cửa Đông, Hà Nội
旧市街の便利な場所にあり、行きやすい。
タイとチンがのる tái nạm がおすすめ。

★ Phở Thìn（フォー・ティン）
13 Lò Đúc,Quận Hai Bà Trưng,
Hà Nội（支店あり）
こってり濃厚系。2019 年東京・
池袋に支店ができた。

★ Mai Anh（マイ・アン）
32 Lê Văn Hưu,
Quận Hai Bà Trưng,Hà Nội
フォー・ガーの人気店。

フォー・ボーの名店「Phở Thìn」

泊まったホテルで食べたフォー・ボー

「フォー・クォン」と「フォー・チン・フォン」

フォーのいろいろ。こんな変わり種もハノイでは人気です

Phở Cuốn

「フォー・クォン (Phở Cuốn)」。

甘酸っぱいたれ（青いパパイヤ入り）をつけて食べる

具材は炒めた牛肉とレタス、ハーブ類

食べるならココ♪ 王道3店

★ Chinh Thắng（チン・トン）
7Mạc Đĩnh Chi, Quận Ba Đình, HàNội
フォークォン発祥の店。

★ Phở Cuộn 31（フォークン 31）
31Ngũ Xã, P. Trúc Bạch, Quận BaĐình, Hà Nội
外国人にも人気の有名店。

★ Hưng Bền（フン・ベン）
26Nguyễn Khắc Hiếu, Quận Ba Đình, Hà Nội
このページで紹介しているのはこちらの支店
(住所：¡33Nguyễn Khắc Hiếu)。

閉店間際に駆け込んだので、外観写真のみ。店の外にも屋台が並ぶ

Phở Chiên Phồng

「フォー・チン・フォン (Phở Chiên Phồng)」。
プリっとふくれた揚げフォーに、
小松菜と牛肉のとろみあんかけがのる

ところでハノイのフォーは、ハーブたっぷりではない。あれは南部の食べ方。ハノイでたっぷり入っているのはネギ。そしてときどき香菜（パクチー）だ。あと、ちょっと珍しいのは生卵。月見うどんみたいに、ポトンと落とされたものが出てくる。チュン（Trứng）と書いてあるのが卵の意味だ。

　スープは基本的にはメインの食材と同系。「フォーボー」は牛肉や牛骨系、「フォーガー」は丸鶏がベースになる。

　そしてお店で食べるフォー麺は、基本的には生麺。薄く伸ばしたものをそばのように細く切り分けたものが使われる。食べるときには、「チャイン」（小さなベトナム系ライム）をギュッと絞って。生唐辛子、ヌックマム（ベトナムの魚醤）、その他もろもろ（酢、チリソースｅｔｃ）をお好みで加え、ぜひ味変を楽しみたい。

ハノイの人・数人に「フォーNo.１」を聞いてみた。「みんなそれぞれ、お気に入りがある」が一番多かった。「東京のラーメンNo.１を聞いたら同じ意見でしょ?」。なるほど！合点が行く話だった。

　ぜひ、皆さんも、ハノイで「マイ・フェイバリット・フォー」を見つけてみては?!

★ベトナム豆知識

たとえば、ここハノイでも「フォー・サイゴン」と書かれた看板を発見することがある。これは「サイゴン式フォー」を指す。地名がついているのはその地方のスタイルという意味だ。

チャイン
chảnh

「フォー」は米粉の平麺のこと!!
フォーにはいろいろ種類がある！ Phở

ところで。結構誤解があると思うので、ここで強調したい。かなりの人が「フォー」を、「汁麺」のことだと思っているが、フォーは、あのペラペラした平たい麺そのものを指す。

さらに、フォーの料理には、意外とバリエーションもある。

「フォー・サオ」＝炒めフォー。フォーの焼きそばだ。「フォー・アップ・チャオ」＝円盤揚げフォーのあんかけ。

そして、20年ほど前にハノイで新登場したのが、13ページで紹介した「フォー・クォン」。ハノイ中心部は湖がたくさんあるが、タイ湖（おしゃれブティックや高級ホテルが多く、外国人も居住しているエリア）に隣接している「チュックバック湖」の中州（通称「グーサー村」）には、現在、フォークォンのお店が密集している。

フォークォンは、切る前の平たいシート状のフォーを蒸し、それを皮にして、具材を巻いたもの。「クォン」は巻くという意味だ。皮はプルンとした触感で、蒸し春巻きの皮と比べると厚めだが、のどごしがとてもよく、いくらでも食べられてしまう。

「フォー・チン・フォン」は、フォーの生地を四角く切って揚げたものにあんかけが乗ったもの。こちらもこのエリアの名物だ。

フォー・サオ
Phở xào

フォー・アップ・チャオ
Phở áp chảo
（フォーのあんかけのせを指すこともある）

チャー・カー鍋

白身魚とディルの焼き油鍋。
写真は元祖「チャー・カー・ラボン」のもの

Chả Cá

卓上コンロに油と魚が乗っていて、ディルとねぎ、香菜を加えて焼いたものを食べる

店名＆
トレードマークの
ラボン「太公望」

チャーカーラボン店内

これが
マムトムベースのたれ

野菜もたっぷり。右はディル

例えばこんな店で

※現在では、至る所にお店があるので、
お好みを探してみるのもおススメです

★ Chả Cá Lã Vọng（チャー・カー・ラ・ボン）
14 Chả Cá, Quận Hoàn Kiếm, Hà Nội
元祖。混んでいてちょっと言葉が通じにくい。（支店あり）

★ Chả Cá Anh Vũ（チャー・カー・アン・フー）
120K1 Giảng Võ, Quận Ba Đình,Hà Nội
最近できたおしゃれな人気店。（支店あり）

★ Chả Cá Thăng Long（チャー・カー・タン・ロン）
2D-19-21Đường Thành, Quận Hoàn Kiếm,Hà Nội
油少なめのさっぱり系。同店が3軒並ぶ

昔は……

18年前の写真。当時は炭火焼き。マムトムの色も濃いのがわかる

ブン・チャー

ハノイ名物「ベトナム冷麺」ハーブもたっぷり♪

Bún Chả

❷

❸

❶

❶今回紹介するのは割と新しい店❷自分で炭火でチャーや豚肉を焼くスタイル❸これがブン。米麺の丸麺❹サラダ菜、ベトナムバジル、キンゾーイ、香菜などのハーブ類❺ヌクチャム系の甘ピリ辛酸っぱいたれ。なますや青パパイヤ入り❻別料金の「ネムクアベー(カニ揚げ春巻き)」

❻

❺

❹

例えばこんな店で

※現在では、至る所にお店があるので、お好みを探してみるのもおススメです

★ Bún Chả Đắc Kim（ダック・キム）
1 Hàng Mành, Quận Hoàn Kiếm, Hà Nội
老舗店。旧市街にある。(支店あり)

★ Quán Nem（クアン・ネム）
106K1 Giảng Võ, Quận Đống Đa, Hà Nội
上の写真の店。

屋台でも

近年ではブンチャーのお店は至る所に。こちらは屋台のブンチャー屋さん。屋台の人気店も登場している

Hà Nội
ハノイ 名物

ブンが美味しすぎる2品♪

チャーカー鍋&ブンチャー
Chả Cá Hà Nội & Bún Chả

18年前、初めてハノイを訪れたときに、衝撃を受けたのがこの2品。実際にハノイに行ったことがあるお客様からのお問い合わせがダントツに多い料理でもある。

最初に。どちらの料理も、「ブン」という麺を使った麺料理だ。ブンも米麺だが、フォーと違って弾力があり、もちもちしている。途中、米粉を浸水させるため、微発酵し、独特の香りが。ところてんのように穴からニュルっと絞り出し、軽くゆでて完成する。

以上がブンの作り方。ブンは、焼き肉に添えたり、ご飯の代わりのようにも使われ、フォーよりも汎用性が高い麺だ。ベトナム全土で食べられる麺で、市場では生麺、スーパーなどでは乾麺も売られている。フォーよりも断然食べられている麺という訳だ。

さて、話を戻そう。まず「チャーカー鍋」について。18年前に「ハノイに何でも、ディルを大量に使う焼き鍋があって、ものすごくおいしい」という話を聞きつけて、ワクワクして食べに行った。この料理、ハノイ旧市街36通りにある、「チャーカーラボン」という店が発祥とされ、100年以上前に考案された。あまりのおいしさに、この通りは、「チャーカー通り」という名前に改称されたという。ラボンはちなみに、「太公望」だ。

下処理をした「カーラン」というナマズ系の白身魚を、油タップリの鍋に入れ、大量のディルとねぎと一緒に焼き鍋にする。小ボウルにゆでたブンを入れ鍋の中のものをのせ、ピーナッツやヌクチャム、海老を発酵させて作る臭ウマの調味料「マムトム」ベースの調味料をかけながら食べる。

ちなみに「マムトム」。高円寺のオーセンティック時代、中塚が「さすがに臭すぎるのでは？」と出すのを止めたことがある。そうしたら、お客様から「あの臭いのないんですか？」と言われ、再度出すように（笑）。

油が大量に使われるのだが、ディルのお陰か、すっきり。整腸作用もあるらしい。するすると胃の中に入る。ディル好きな人は、はまること間違いなしのおいしさだと思う。

「ブンチャー」は、一言でいうと、「ハーブたっぷりベトナム冷麺」。チャーはつくね（肉団子）のことで、豚ひき肉で作られている。ゆでたブンを小ボウルに入れ、下味をつけて焼いた豚肉、チャー、てんこもりのハーブ類を少しずつ入れ、ヌックマムベースの甘ピリ辛酸っぱいたれをかけながら食べる。ここにトッピングで揚げ春巻きを添えることもある（別料金）が、最近では、「ネムクアベー」を添えるのが人気のようだ（別料金）。

一口食べると、肉の香ばしさや、ハーブの複雑な香りや苦み、酸味、力強さ、たれの酸味や甘み、そういったものが一度に押し寄せて来て、ひたすら無言で食べた。初めて食べたのは、旧市街の人気店「ダックキム」だった。店前には大行列ができ、外ではもくもくと炭火でチャーや豚肉を焼いていてその光景や香りも、食欲を掻き立てるものだった。

あの時に「ベトナムにやられた（胃袋を持って行かれた）のかも」と、今なお思う。

カーラン＝カーランチャム
Cá lăng chấm

ヌクチャム
Nước chấm
ベトナムの万能調味料

ネムクアベー
nem cua bể
ハイフォン名物のカニ揚げ春巻き。詳しくはP42

ちょっとブレイクタイム♪

ハノイ旧市街散歩

ハノイの旧市街は街並み保存地区。11世紀からの古い商業地区が残っている一方で、人々が生活する様子も感じられる。旅の途中で撮影したスナップをちょこっとご紹介♪

ホアンキエム湖には、ゴックソン祠も

旧市街散策に便利なクオックホアホテル内部

ハノイ大教会。付近はおしゃれエリア

ホアンキエム湖は市民の散策の場にも

ベトナム名物。お風呂椅子屋台

旧市街内のコーヒー店。早朝から多くの人が

マーマイの家。旧家を保存して公開している

4月のハノイで見かけた花。自転車で販売

屋台スタンバイ前。こんな風に置かれている

旧市街に残る鎧戸。ちょっと中国風

旧市街にあったお寺。
そこかしこに寺院が

フルーツも自転車で販売。
りんごも発見

濃い目に抽出された
ベトナムコーヒー♪

週末開催される旧市街
ナイトマーケットは大盛況

肉を買う人。
日常の風景

ホテルから下を見ると
そこは肉屋さん

ベトナム版豆腐デザート
「タオフー（tào phớ）」

ナイトマーケットで売られていた
チェー「ホアクアザム」

ナイトマーケットで
売られていたドリアン

ナイトマーケットでは
麺料理の屋台も

ハノイ中心部最大「ドンスアン市場
（Chợ Đồng Xuân）」場外。
バイクでお買いもの

ドンスアン市場近くに唯一残る旧ハノイ
城門「通称ドンハー（東河）門」クアン
チュォン門（Cửa Ô Quan Chưởng）

タイ湖の名物料理
バイン・トム・ホー・タイ
Bánh Tôm Hồ Tây

改めてふと、思う。「いつどこで誰から⁇」ベトナム料理に携わるようになると、お客様からであったり、ベトナム料理の書物であったり、知り合いのベトナム人からであったり、その他モロモロ……。ベトナム在住経験のない私たちにとって、情報源は本当に様々だ。でも、何かのきっかけで、ものすごく、食べてみたくなってたまらなくなる料理がある。その1つが、この、料理だった。

Bánh＝粉ものの料理の相称、Tôm＝海老、Hồ Tây＝タイ湖。簡単に書くと、タイ湖名物の「エビの衣揚げ」みたいなもの。

タイ湖は、ホアンキエム湖とノイバイ空港の間くらいに位置する、湖のひとつだ。ホアンキエム湖よりは、大きい。中心部より少し離れていて、郊外かと思いきや、実は日本人居住地エリアでもある。東京を代表する高級エリア「広尾」みたいな地区、でしょうか⁈さて。このエビフライ。もちろん、タダモノではありません。海老は、川海老のような細長くて中くらいの大きさ。専用の道具に米粉ベースの衣を入れ、ふんわりと丸く揚げられ、衣も海老もカリカリシャクシャクした歯ごたえ。ベトナム定番のハーブ&野菜と一緒に、ヌクチャムをつけながら食べる。

いや、すみません。いまひとつおいしさが

伝わっていないように思えますが……、「湖で捕れる海老を、ひとつの芸術料理として昇華した料理のひとつ」という感じなのだ。

単純な料理ほど、職人の腕が試される。よく、和食でもそんなことを見聞するが。小海老を揚げただけの料理が、ベトナムで作られると、こんな一品になる。ベトナム人の食に対する才能を、ある種、ひしひしと感じる一品でもある。

ちなみに私たち、食べる前まで結構なめていて、いろいろ他の料理も頼んでいた。でも、あえて書くと、この一品のみ食べるので、十分すぎるくらい。海老のおいしさを感じすぎるのが、この料理だった。タイ湖エリアは、ハノイ中心部から車で30分程。なかなかリゾート感溢れるロケーションなので、時間があれば、ぜひ訪れていただきたい。

ついでに『バイン・ゴイ』Bánh Gối

ちなみにバイントムホータイ、すぐ近くの鎮国寺（チャンクオック寺：Chùa Trấn Quốc）の参道にもお店が並んでいる。さらに、ちょっと具材は異なるがバイントムはハノイ大教会近くの店など、旧市街でも食べることができる。ハノイ大教会近くのお店は、ハノイ名物のベトナム巨大揚げ餃子「バインゴイ」の名物店でもある。手のひらサイズの餃子は、具材もたっぷり詰まっていて、ちょっとした昼食にもなる。もし、現地まで行けそうになかったら、こちらのお店で味わってみるのもいいかも。

バインゴイは、店内でも食べられるが持ち帰りも可能。袋に入れて渡してくれる。

バイントムホータイ＆バインゴイ

22〜23ページで紹介した2品はこんな感じ♪

これが「バイントムホータイ」。直径10㎝ほどもある。衣はカリカリ。レタスやしそなどのハーブ類と一緒に、甘酸っぱいタレをかけて食べる

フォークォンもあったので注文。
たれはヌックマムベースだった

一緒に注文した「ゆでからし菜」。
にんにくがのっている。シーズニングソースをつけて

この店のフォークォンは、生野菜がたっぷり

揚げたイカ。ディルが添えられているのがハノイらしい

湖沿いの席に案内されたので気持ちよい。写真がないがタニシ料理も各種あり、名物

こちらがバインゴイの名店「Quán Gốc Đa」。揚げ物料理多数

Bánh Gối

手前のがバインゴイ。手のひら程の大きさがある

食べるならココ♪ 王道3店

★ Bánh Tôm Hồ Tây
（バイン・トム・ホー・タイ）
1 Thanh Niên, P.Yên Phụ (Đối Diện Chùa Trấn Quốc), Quận Tây Hồ, Hà Nội
料理名が店名。実は結構な大型店で、さまざまな料理がある。

★ Quán Gốc Đa（クアン・ゴック・ダー）
52Lý Quốc Sư, Hàng Trống, Hoàn Kiếm, Hà Nội
ハノイ大教会の向かって右手にある。いつも大盛況なのですぐわかるはず。

旧市街の他店で見つけたバイントム

まだある！ハノイで食べたい絶品たち
đặc sản Hà Nội 10

ベトナム全土を少しずつ、という趣旨の本なので、どうしても紹介できる料理の数は限られる。よってここからは、ハノイで食べたい名物料理をどんどん書くことにする（写真は次のカラーページをご参照ください）。

①「バイン・クン（蒸し春巻き）」。生春巻きでも、揚げ春巻きでもない。ぷるんとした喉ごしのよい春巻きの皮を食べるもの。ホーチミン市にもあるが、見た目や具が違う。

②「チャオ（お粥）」。これもベトナム各地で食べられるが、ハノイは種類が多い。旧市街・36通りの中にあるホテルに泊まると、朝屋台も出るので、屋台で食べるのもおすすめ。

日本のお粥と違って味がしっかりついている。

③「ソイ（おこわ）」。こちらもベトナム各地にあるが、ハノイには絶品のおこわやさんが。パラリとしたもち米から作られるソイは、うま味満点。いろいろトッピングもあって、ハノイに行ったら、必ず食べたくなる。

④「ガー・タン（鶏の漢方煮）」。食べたのは、ハノイの深夜食堂通り「トンズイタン通り」。この通りは、ハノイで唯一、深夜営業が許されているらしい（他の場所は、ほとんどの店が24時には閉店する）。ちなみに、ホーチミン市では、「ガー・アック」という名前らしい。疲れた身体に染み渡る、滋味深

い味わい。旧市街では、缶詰のミニ缶や缶ビールの缶で小さなガータンを煮込む屋台とか、ラーメンが入っている「ミー・ガー・タン」の屋台もあって、面白い（屋台は夜に出没する）。

⑤同じく、トンズイタン通りで見つけた「鶏料理」。見た目のインパクトの強さで食べてみた。これ、おいしすぎ。

⑥「バイン・ドゥック・ノン（お餅のスープ）」。いろいろな複雑な味わいで、味変もできる、最初食べるとビックリする料理。

⑦「バイン・バオ（ベトナム肉まん）」。ホーチミン市ではチョロン（中華街）に多い。旧市街には、バインバオの屋台が多い。ふかふかで大ぶりの肉まんには、うずらの卵が入っていることも。

⑧「ハノイのバイン・ミー」。バインミーはホーチミン市発祥だが、ハノイにも名店が。

ベトナムでどこに行っても、一度は食べたくなる、絶品ベトナムサンドイッチ。

⑨「ブン・ボー・ナン・ボー」。ちょっとピリ辛の混ぜ混ぜ麺（ブン）で、ナンボーは南部の意味。でも、南部で、この名前の麺料理を見たことがない、というハノイ名物（笑）。炒めた牛肉が入っていて、ピーナッツやもやし、青パパイヤのトッピングも絶妙で、ハノイに行くと食べたくなる。

⑩「ハノイのチェー」。チェーは、具材とシロップが入っているベトナム名物のスイーツ。もちろんハノイにも名店が多数存在する。緑豆やおいもを甘くゆでたものといった素朴なものもあるが、意外にハノイの名物は「ホア・クア・ザム」という南国フルーツを混ぜ混ぜして食べるタイプ。

名物はまだまだあるが、その詳細は別の機会に！

ハノイ名物料理 スナップいろいろ

26〜27ページで紹介したおやつにもなる名物たち

Cháo

② チャオ
旧市街の人気屋台。ベトナムの米は粘りが少なく、お粥もサラサラと胃に入っていく

Bánh cuốn

① バイン・クン
ハノイでは具材はなく、皮そのものを味わう。ヌクチャムというタレが添えられる

Bánh bao

⑦ バイン・バオ
1年中売られているが、これは冬のハノイ（旧市街）の風景。中には具がギッシリ

Bánh đúc nóng

⑥ バイン・ドゥック・ノン
とろとろのお餅に、とろみのあるスープがかかったベトナム版お雑煮。唐辛子もよく合う

ソイ

名店「ソイ・イェン（Xôi Yến）」が復活!! 店頭で好きな具をトッピングしてもらえる

ガー・タン

好みで油条を加えながら食べる（上）。ガータン。写真は烏骨鶏バージョン（下）

トンズイタン通り「鶏料理」

料理名失念。店頭で焼いていたGà Rang（フライドチキン）も人気

バイン・ミー・ハノイ

旧市街にあるバインミーの名店。塩味は控えめ。店内はとってもキュート♡（店名:バイン・ミー25）

ブン・ボー・ナン・ボー

ハンザギャラリア近くにある名店。料理している様子を店頭で見られるのもうれしい

チェー

ホアクアザム（上）。老舗「Trà Chanh（住所31Đào Duy Từ）」（下）

Hà Nội
ハノイ

ハノイお茶事情

ベトナムの人にとって、ソフトドリンクといえば、「お茶」。そして「ベトナムコーヒー」が有名だと思う。他にもドリンクは多数あるが、まずは「茶」について解説したい。

ベトナムは世界有数のお茶の生産地で、生産量は日本を凌いでいる。一番飲まれているのは緑茶。中国から入ってきたとされ、1000年前にはすでに栽培されていたそう。ベトナムの気候は茶葉を栽培するのに適していて、全省の約半数で茶葉の栽培がされているとか。特に北のハノイは、ホーチミン市と比べても、お茶カフェや路上茶店が多いと思う。

ベトナムではいろいろなお茶が飲まれているが特にベトナムならではというと「蓮茶」。緑茶に蓮の花の香りをつける「蓮花茶」、蓮の葉を乾燥させた「蓮葉茶」、蓮の実の芯の部分を乾燥させた「蓮芯茶」の3つがある。

6～7月には、蓮花茶を作る光景をハノイでも見ることができる。まず、タイ湖湖畔。タイ湖上部に蓮花畑があり、花をつむ風景や、蓮花茶を作る様子を見学でき、実際に飲んだり購入もできる（早朝6～11時位）。アオザイを着て花と一緒に撮影ができるスポット（有料）もあり、その様子を見たり思い出の一枚を撮影してもらうこともできる。

蓮花茶
チャー・ホア・セン
trà hoa sen

蓮葉茶
チャー・ラー・セン
trà lá sen

蓮芯茶
チャー・ティム・セン
trà tim sen

ただし、タイ湖の蓮花茶は香りが持続しない。古来からの製法を守っているのは、旧市街にある「フォン・セン」などハノイ市内でも数軒のみ。フォン・センではこの時期（6~7月）、朝8時半~9時位に店内で蓮花茶作りを見学できるので、機会があれば、ぜひ参加してみて。１００年の歴史がある店で、王朝時代の製法を再現しているそうだ。蓮の花から丁寧におしべのみを取り出し、緑茶と一緒に花に包み、熟成させる。そうすると半年以上、花の香りが残る。その製法からかなり高価な蓮花茶だが、急須で抽出すると8回くらいは香りが楽しめる。贅沢な時間だ。

　ベトナムには「ベトナム茶道」もあって、おしゃれな茶器が多数売られていて、見ているとコレクションしたくなる。旧市街や、ハンザ市場に専門店もあるので、覗いてみるのも楽しい。もちろんバッチャン村に行けば、茶器の宝庫だ。

　緑茶の新しい飲み方というと、「チャー・チャイン」。ジャスミン茶にベトナムライムのチャインと砂糖を入れた冷たいドリンクで、暑いときには、そのほろ苦い甘さが身体の奥まで染み渡る。旧市街の「31ダオズイトゥ」が発祥とされ、同店ではベトナムスイーツの「チェー」も食べることができる。

　ついでにチェーだが、もともとの「茶」は「Chè（チェー）」または「Trà」と書かれていた。スイーツのチェーは前者と同じ文字で、もともとが「お茶請け」という意味合いだったそう。最初は豆類やいも類などを煮た温かいお茶請けから始まり、やがて今のように多種多様になっていった。

　ついでに書くと、ベトナムでは近年、「抹茶」もちょっとしたブーム。ベトナム各地で、いろいろな「マッチャドリンク」を発見！

フォン・セン
(Hương Sen)
住所：15Hàng Điếu

31ダオズイトゥ
(Trà Chanh 31 Đào Duy Từ)
住所：31Đào Duy Từ

ハノイの高級店いろいろ

古い建物をリノベしたおしゃれなレストランやカフェの一例です

Green Tangerine

グリーン・タンジェリン

1928年に建てられたという、フレンチヴィラを改装。中庭もあり、当時を思わせるエキゾチックな雰囲気。盛り付けも繊細なフレンチベトナミーズが味わえる。ランチ、ディナー共にオリジナリティ溢れるコースがおすすめだ。

48Hàng Bè,Quận Hoàn Kiếm,Hà Nội

お店は奥に細長い構造
←ランチコースの一例。盛り付けも美しい。数品から選べる

全て、肉・魚類を使わないベジメニュー

Ưu Đàm Chay

ウー・ダム・チャイ

モダンで洗練された雰囲気のベジタリアンレストラン。店内は数フロアーに分かれていて、それぞれ趣きが違う。盛り付けもおしゃれで心も身体もきれいになれる気がする

34Hàng Bài, Quận Hoàn Kiếm, Hà Nội

オーガニック食材を使うなどこだわりが

店内はアジアンティック。3階まである

Maison De Tet Decor

メゾン・デ・テト・デコール

タイ湖畔に佇む1軒屋カフェ。旧市街の喧騒を離れてのんびりとつくろげる。1階、2階で雰囲気も違うので、お好きな席へ。軽食も各種用意されている

18Ngõ 1Âu Cơ(Xóm Chùa Kim Liên), Quận Tây Hồ, Hà Nội

Home
ホーム

おしゃれレストランながら、店名が示すようにアットホームな温かいおもてなしが受けられる。ホーチミン市、ホイアンにも支店あり。伝統的なベトナム料理＆フュージョン料理が味わえる。

34Châu Long,Quận Ba Đình,Hà Nội

6月。生の蓮の実ご飯も食べられた(一例)

開放的なテラス席。夜はムード満点に

Đông Phú 1932
ドン・フー・モッチンバーハイ

1932年に建てられたドンフー亭をリノベしたベトナム料理店。入口には池もあり、階段は吹き抜けに。メニューは、丁寧に作られた北部のベトナム料理が中心。鍋料理なども用意されている。

12Hàng Điếu,P.Cửa Đông,Quận Hoàn Kiếm,Hà Nội

旧市街の便利な場所にある

鶏の焼き物ハノイ風。カリカリに揚げられた鶏肉が美味

Hà Nội
ハノイ

ハノイの品格
高級レストランも忘れずに

今回、ハノイに数多ある名物を紹介してきた。そのため、最後になってしまったが、首都ハノイには、高級ベトナミーズが、きらびやかに存在している。ベトナムの建築物には、中国やフランス統治時代の面影が残るものも多い。上手にリノベされた空間は、何とも言えない優美な雰囲気を讃えている。

調度品、食器やカトラリー。料理の盛り付け、素材の扱い方。すみずみまで洗練されている一方、厨房を覗くと、ベトナムらしいキッチンが並び、大声で話すベトナム人料理人の姿を垣間見れたり。そのギャップも、ベトナムらしくて面白い。

店によっては、地場の名物料理がソフィスケートされて登場したりもする。屋台や食堂はどうも、という方は、レストランで名物を堪能してみるのもアリだと思う。前ページでは、近年人気のお店をご紹介した。もちろん、これ以外にもまだまだ名店はある。

近年、北部の少数民族の味をアレンジして紹介するレストラン、はたまた、昔の配給時代の北ベトナムの料理を再現するレストランやカフェなども増えている。古くても新しい、そんなキーワードが、ハノイの街にはよく似合う。今後さらに発展していっても、古都の風格はずっと残るに違いない。

Xã Bát Tràng
バッチャン村

ハノイから30分の陶芸村
バッチャン村に行ってみよう

版画、織物、漆器、そして陶器類etc…。ベトナムには素晴らしい工芸品があるが、それぞれは「工芸村」で作られている。ハノイ近郊にもいろいろな村があるが、一番近いのが「バッチャン村」。ベトナムを代表する陶器「バッチャン焼き」の産地だ。

ハノイから行く方法は「タクシー、または車をチャーターする」「ハノイ発のツアーを利用する」「ハノイからバスを利用する」の主に3種。私たちも昔は、ホテルで車をチャーターして向かった。最近はバスを使っている。どの方法を使うかはお好みだが、郊外へバスに乗ってみるチャレンジ第一歩としては、バスで行ってみるのもおすすめ。ハノイのドンスアン市場からバッチャン村までなんと7000ドン（約35円）。30分ほど揺られると、村のバス停に到着する。

バス停の向かいが陶器市場になっていて、結構な品揃え。時間がなければここだけ回っても、十分お買い物は楽しめる。市場前は、屋台も出ていて、ちょっとした買い食いもできる。バス停と市場の間の道を奥へと歩くと、両側にショップが並んでいる。2年置きぐらいのペースで行ってみているが、行くたびに様子が変わっていて、2019年現在、結構華やかになっていてびっくりした。

バッチャン焼き
ベトナムを代表する陶器で、10世紀ごろから作られるようになり、15世紀には定着。安土桃山時代には、「安南焼き」という名前で日本にも輸入されるようになった。独特の風合いが茶人にも人気で、かの千利休も好んで買い求めた、という話も。今定番となっているとんぼの柄は、当時日本人が発注したという説も。日本の焼き物にも影響を与えた部分があり、日本国内の博物館でも、当時の安南焼きと出会うことができる。

バッチャン村へプチトリップ

今回はバスで行く方法と村の様子をご紹介

Xã Bát Tràng

① バス&道中

① 今回は、ドンスアン市場近くのバス停から。47A・47B と書いてあるバスに乗ると終点がバッチャン村。ロンビエンバスターミナルから乗る方法もわかりやすい

②バスの中。陶器が置ける広い荷物置き場もある③ホン川を渡るとのどかな風景が広がる④ 30～40 分ほどでバス停に到着！

② 村の様子

① バス停の向かいが陶器市場。充実の品揃え

②バス停の前の通りには、陶器店が並ぶ。右奥には屋台が。③豪華な彩色が施された大皿や花瓶なども。見るだけでも楽しい

③ カフェで休憩

① 途中にあった休憩所（カフェ？）で頼んだヨーグルトコーヒー。ゼリーも入っていてチェーみたい

②テーブルにあったバッチャン焼きもキュート③タイルもかわいい④ 外には焼き物作り体験ができるろくろも。村の至る所に絵付け体験などあり

パイナップルやくずいもがごろごろ

テント式屋台も発見！

どの店にも、商品が大量に積まれている

大きな花器もそのまま運ばれていた

④屋台の食べ物

❶陶器市場近くの屋台で、4月に食べたベトナム版スィートポテト。とっても美味♪ ❷炭火で焼いていてアツアツ ❸バナナの葉に包まれた、北部名物の発酵ソーセージ「ネム・チュア（Nem Chua）」も売られていた

2004年の風景

商品は、わらと竹籠に包まれる。これも変わらない風景

バッチャン焼きの急須が完成。１つずつ微妙に絵柄が違う

ひとつひとつ丁寧に、手作業で絵付けされる

お店によっては絵付けの見学も可能

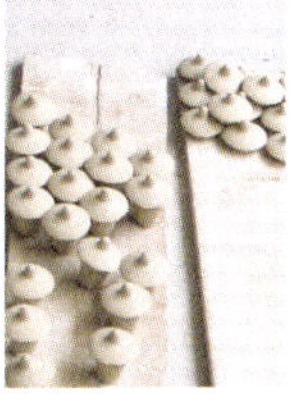
15年前のバッチャン村。今もあまり変わらない風景。陶器が干されている

Hải Phòng
ハイフォン

バインダー？　何それ？　麺の名前??
バイン・ダー・クア
Bánh đa cua

北部随一の海軍の町、それが「ハイフォン」。ハノイから東に約130キロの位置にあって、最近では人口も増え、ホーチミン市、ハノイに次ぐ、第3位の人口を誇る。鉄道の駅もあるけれど、最近は高速道路も整備されて、とても便利になり、高速バスでハノイから1時間半で到着する。一般の観光客の方にはあまり馴染みがない都市かもしれないが、最近では日本企業の工場も増えていて、日本からベトナム北部に出張だと、ハイフォンだという方も多い。そんなエリアだ。

北部から日本へ来る留学生や研修生のベトナム人には、ハイフォン出身の方も多いが、彼らに名物を聞くと、ほぼ全員が真っ先に挙げるのが、「バイン・ダー・クア」だ。全く聞きなれない名前。バインダーが麺の名前で、クアがカニ。すりつぶしたカニで作る旨味タップリのスープに、幅広の茶色い麺が入った汁麺で、「他にはない絶品」なんだという。

実は一時期、このバインダー、乾燥麺が正規輸入で、日本にも入ってきていた。ペラペラした茶色い麺は、パッと見ゴムみたいだ、と私は思った。全然麺に見えない。「ハノイにもあるけれど、乾燥の麺だから。ハイフォンで食べたほうが絶対においしい！」と教えてもらって、以来、ハイフォンは絶対に行きたい場所になった。

ところでベトナムはカニ王国！　カニ料理の宝庫で、原料のカニにはクア（淡水〜汽水域に生息するカニ）とゲー（海のカニ）がいる。さらにクアには、クア・ドン（田んぼのカニ）と、クア・ベー（汽水域のカニ）がいる。バイン・ダー・クアは、もともとはクア・ドンで作る汁麺だが、最近ではクア・ベーで作る店もある。となると、やっぱり「両方食べ比べてナンボ」の世界でしょう。

というわけで、初ハイフォンの1食目に目指したのは王道の田ガニバージョン。屋台で有名なお店があると聞き、さっそくでかけると、「あれ？　店はどこ⁇」。キョロキョロしていたら、親切なおじさまが、心得たという雰囲気で「●※★◎」とゼスチャー付きで教えてくれた。どうも、もうすぐ屋台が出るから待ってな、という意味らしい。ここで「どう見ても観光客」な日本人がうろうろしていたら、理由はわかりやすい。やがてお姉さんが2人来てお店がオープン。すぐ近くに仕込み場所があって、そこからえっちらおっちら、スープの入った鍋や、仕込み終わった具材を運んでくる。これも「ベトナムあるある」。おなじみの光景だ。お店の準備が整うと、さっそく作ってもらう。カニの旨味がたっぷりの白濁したスープの上に、「ボー・ラ・ロット（牛ひき肉の団子を、ロットの葉という、こしょう科の香草で巻いて焼いたもの）」、ゆで蝦蛄《じゃこ》、空芯菜など……。どっさりと具がのり、麺が見えないほど。まずはスープをすする。幸せな美味しさ！　麺のバインダーは、ペラペラとしているがコシもあって、スープとよく合う。今、ここはハイフォンなんだなぁ！と改めて実感。ちょっとうるっとする。「ようやく、食べに来られました！」

ゲー
Ghe

ボー・ラ・ロット
Bò lá lốt
ボーラロットは、ベトナム各地で食べられている料理。レタス類やハーブ各種、ゆでたブンとたれのヌクチャムを添えて出される一品料理もある。ブンチャーの具材として登場することも。ちなみにロットの葉、焼くとちょっと松茸みたいな香りがする。

バインダー・クア・ドンの作り方

屋台でも手を抜かないで作るのがベトナム式。おいしいお店はお客さんがいっぱい。作っている手順や材料が見えるのが屋台のうれしいところ

Bánh đa cua đồng

①

❶案内看板。屋台でもこのお店のように、看板があることも❷Bánh đa cua 140が店名。料理名と番地がそのまま店名になっていることもベトナムではよくある❸ガラスのショーケースに具材が並ぶ。この店は他にも数種類の麺類があり、ビール酒場「ビアホイ（Bia Hoi）」の文字も

⇦

④

❶最初に空芯菜を直接スープに入れ、続いてバインダーを投入。半生麺なので、手に持つとやわらかいのが分かる❷1～2分ゆでると麺がゆで上がる❸最初に器に空芯菜と麺を入れ、そのあと具材とスープをかける

2

①麺のバインダー。バインダーには茶色と白があるが、よく見かけるのは茶色。ハイフォンでおいしいとされるのは半生状態の麺。サトウキビから作るカラメルで色をつけるそう②白濁したスープには、濃厚なカニの風味が！　黄金色の油もおいしい

3

①ゆで蝦蛄。ときどき汁麺のトッピングに登場する、ミニサイズ②空芯菜もたっぷり入るのがうれしい③平たいのがチャーと呼ばれる、ベトナムのさつま揚げ。白いのは魚介のすり身ボール④紫色の小さな玉ねぎで作る、ベトナムの揚げ玉ねぎ。にんにくと玉ねぎの中間のような味

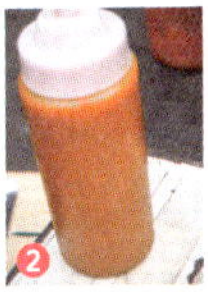

①チャイン。すだち位の大きさだが､味や香りはライムに近い。ギュッと絞り入れると、ベトナムの香りが漂い、一気にテンションアップ。生唐辛子オッカイを入れるとスープの味が締まる（と思う）②ベトナムのホットチリソース。これは結構辛いバージョン。最初は入れずに食べてみて、途中で加えるのがおススメ

5 完成！

1食でお腹がいっぱいになるボリューム

6

①具だくさんなので麺も見えない感じ。スープの香りと麺の食感、いろいろな具が織りなす味が、口の中でさまざまに融合する②麺をたぐってみた。ゆでると少し色が淡くなる。ペラリとしているが、適度なコシがある

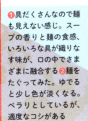

Hải Phòng
ハイフォン

そして、愛しのネム・クア・ベー
Nem cua bể

今回のハイフォン行きの目的は、38ページにも書いたように、バインダークアを食べること。そして、一泊した次の日に目指したのは、「両方食べ比べてナンボでしょう?」の実現。バインダークアベーを食べに行くのだ。これには都合がよい店がある。

「バー・クー」という店で、ここではお目当てのもう1つのハイフォン名物、「ネムクアベー」も食べられる。

「ネムクアベー」は、簡単に書くと、「カニの揚げ春巻き」。四角い揚げ春巻きで、手の平ほどのでっかいサイズ。カニの、と書いたが、海老や豚ひき肉など、その他の具材も贅沢で、カニ肉がごろごろ入っている。

店はベトナム統一鉄道の線路から割と近い。目印は、大きなカニの看板。入り口にはカニのオブジェ(?)もある。入り口は2つあって、どちらかに通される。

ボリュームがあるので、2人で、1つずつを注文。バインダークアベーと、ネムクアベー、先にバインダーが出てきた。昨日の屋台よりは、麺の色が少し黒い感じ。細長いベトナム油条(揚げパン:バイン・クアイ)も一緒に出てくる。途中、油条を汁に浸しながら食べるのでも、適当にちぎって入れるのでもOK。今回は汁麺を頼んだが、汁なしバインダーと

油条(揚げパン)
Bánh quẩy

か、「カニ肉入り春雨」「カニ肉入りラーメン」などもあった。

こしの強めな麺と、たくさんの具材。これ1杯で栄養もまんべんなく取れる。チャインをギュッと絞り、スープを一口すると、カニの香りが頭の芯まで立ち上ってくるような感じ。昨日の1杯と比べると、昨日のは直球勝負。今日の1杯は、円を描くようなバランスのよさを感じる。使うカニが違うと、やっぱり味がかなり違う。ガッツリ来るか、じわじわ来るか。どちらも甲乙つけがたい味だ。（ただし、後でいろいろ調べていたら、どうも「添えられるハーブ野菜」が来ていなかったようだ。が〜ん。残念）。

ネムクアベーは、20分ほど待って到着。大きいので4つに切ったものが出てきた。にんにく、唐辛子、にんじん、玉ねぎ、大根、青パパイヤが入ったたれと、ハーブ類が添えられている。皮はライスペーパーで、軽い触感だ。揚げたてのアツアツが来たので、要注意。すぐに口に入れると、本気で悶絶する。口の中を火傷してしまうので、温度がやや下がるのを確認して、野菜&ハーブ類に包み、たれをかけながらパクパクと食べる。

とりあえず、こういう時間は、2人とも無言。だって、おいしいから。いつも思うが、この、「揚げ物にさっぱり系のたれと、ハーブ野菜を添えて一緒に食べる」というベトナムの食べ方。最高！　揚げ物の油を適度に切ってくれ、後味すっきり。胃にもたれない。理にかなっていて、おいしさも倍増する。もちろん、栄養価もアップする。

ちなみにこの「バークー」。数年前にハノイにも支店ができた。ハイフォンはちょっと遠くて行けないけれど食べてみたい、という方は、こちらに行くのがおすすめだ。

バークーの2品

バインダークアベー＆ネムクアベーはこんな感じです

❶POPな外観。カニが目印❷揚げたての油条（バインクアイ）❸バインダーに入れるチャインと唐辛子❹揚げ春巻きレタス系の野菜＋ベトナムバジル、キンゾーイ、ミントなどのハーブ❺バインダークアベー。手前に白く見えるのがカニ♪　蝦蛄、小松菜、きくらげなどが乗る❻カニ揚げ春巻きネムクアベー＋ヌクチャム系のたれ❼アップ。中まで具材がぎっちり。カニ率高し❽食べてみると、もやしなどの野菜も入っている

★ Quán Bà Cụ（バークー）
179 Cầu Đất, P.Cầu Đất,
Quận Ngô Quyền, Hải Phòng

★ Quán Bà Cụ（ハノイ支店）
176 Lạc Trung,
Quận Hai Bà Trưng, Hà Nội

Bánh đa cua bể

Nem cua bể

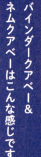

そして、さらに田ガニ鍋（笑）

というわけで、田ガニ三昧パート2♪

最初にこんな感じで登場！

暗い夜道に突如現れる食道楽

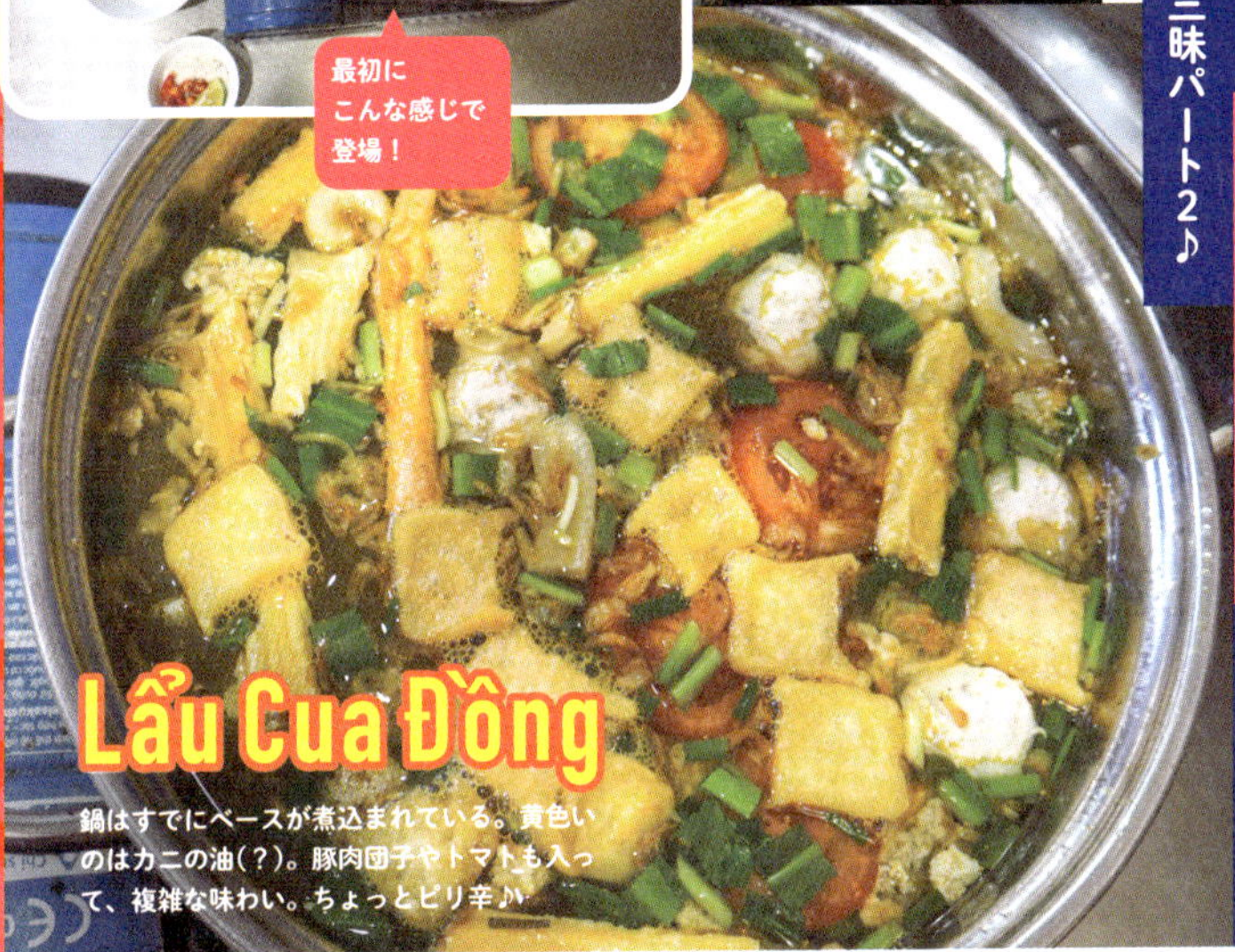

Lẩu Cua Đồng

鍋はすでにベースが煮込まれている。黄色いのはカニの油(?)。豚肉団子やトマトも入って、複雑な味わい。ちょっとピリ辛♪

❶麺と青菜でこのボリューム（笑）❷手前がひゆ菜、奥が空心菜❸帰りには店先が大宴会場に♪　そしてハイフォンの夜は更けていく……

★ Quán Hương- Nướng&Lẩu Cua Đồng
（クアンフン - ヌン・ラウクアドン）
7Phạm Bá Trực,P.Quang Trung,
Quận Hồng Bàng,Hải Phòng

集合写真。追加したものは奥から、えのき茸、チャー（さつま揚げ）、イカ、豆腐。左はバインダーと青菜類

Hải Phòng
ハイフォン

ハイフォンでカニ祭り♪
ラウ・クア・ドン
Lẩu Cua Đồng

しつこくてすみません。とにかく、私たちの頭の中には、ハイフォン＝カニ（田ガニ料理）、という刷り込みがありまして……。せっかく来たのだからと、実は1日目のディナーも、カニ推しで行くことに。

となれば、やっぱりここで食べておきたいのは、「ラウ・クア・ドン」。田ガニ鍋だ。

というわけで、いろいろ検索をしてみて行くことにしたのが45ページの店。到着すると、ベトナム人でのお客さままで超満員！

そこへニコニコした店のオーナーらしき人が来て、どうぞ！　というように手招きする。ちょうど入り口あたりの席が空いたところらしい。「ラッキー！」。ときどき、観光客らしいと歓迎されないこともあるが、ここは大丈夫。店には写真入りのメニューがあってわかりやすい。ハイフォンでは、牛肉鍋や牛焼肉も人気だが、「今回はカニで参ります」。

とりあえず、鍋と具材を適当に頼む。締めの麺はここでもバインダーだ。肉も一緒に頼んで入れたりするのがベトナム流だけれど、旅の疲れもちょっとあったので、海鮮メインで行くことにする。青菜は空心菜とひゆ菜で、どちらもどっさりと登場！　賑やかに宴会するベトナムの人たちの様子を見ながら鍋三昧の夜となった。リピ決定！

ハイフォン版細長いフランスパン
バイン・ミー・カイ
Bánh Mì Cay

ハイフォンの名物はまだいろいろあるのだが、ページの制限上、あと一つ。それがバイン・ミー・カイだ。バイン・ミー・クエともいう。カイは辛い、クエは小枝という意味だ。

ハイフォンならではの辛い唐辛子があって、それを使う辛いバインミー。レバーパテとエシャロットなどの具材が少し入るだけのシンプルなバインミーだ。

ベトナム版フランスパンのバインミーは、実は地域で形に特徴がある。ハイフォンのそれはとても細い。数年前からベトナム各地で流行っていて、ハイフォン以外でも買うことができる。

ハイフォンには、バインミーカイを売るお店はたくさんある。屋台でもよく見かける。生活に溶け込んでいるサンドイッチというわけ。今回は2軒食べ比べてみた。

ついでにハイフォンの街中の様子なども、少しだが、次ページでご紹介したい。

ハイフォンの市場は、ハイフォン駅のそばに1つとそれ以外にも数か所あるが、今回は駅近くの市場の場外風景も。こういう路上市場の風景は、まだ各地に残っていて、旅行者にとってもとても楽しい場所だなと思う。やっぱり市場は必ず訪れたい聖地なのだ。

バインミークエ
Bánh Mì Que

ハイフォン駅付近を散策

ハイフォンはこんな街です

フルーツを売っていた屋台

Hải Phòng Station ①

屋台の「コムビンザン（大衆食堂）」

❶ベトナム統一鉄道ハイフォン駅❷工業都市でもあるハイフォン。日本の古い家電リサイクル店が多数あった❸海辺にはコンビナートも形成

ガー市場場外 Chợ Ga

❶鳥。もちろん食用。生きています❷柿やみかんも（10月）❸屋台で夕ご飯。全国共通の風景❹チェー屋台❺こちらはチェー専門店。仕上げは屋台キッチンで。写真は購入したもの

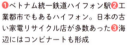

北部 Hải Phòng

バインミーカイの名店

今回食べ比べたのはこちら

店内で食べることもできる

チリソースを塗ってもらってお持ち帰り

Bánh Mì Tâm

★ Bánh Mì Tâm（バイン・ミー・タム）
26A Trần Hưng Đạo,
Quận Hồng Bàng, Hải Phòng

中にはレバーパテがビッチリ

Bánh Mì Cay

Chè Thái Lan

★ Chè Thái Lan& Bánh Mì Cay
（チェー・タイ・ラン&バイン・ミー・カイ）
37 Đinh Tiên Hoàng,
Quận Hồng Bàng, Hải Phòng

❶こちらのメニューは2品のみ❷お風呂椅子で食べる感じ❸店内で自家製レバーパテをぬりぬり❹炭火で焼いてくれて完成♪❺チリソースは自分で好きなだけどうぞ❺こちらがチェータイラン（タイ風チェー）。緑色のはワーム（緑虫）を模したもの、らしい……

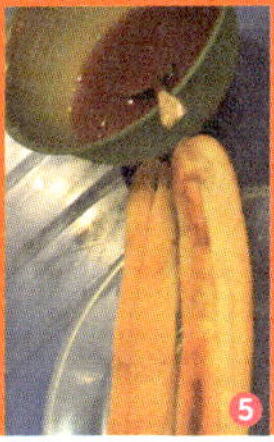

Hạ Long
ハロン

「花」も、「団子」もある
ベトナムを代表する景勝地

「海の桂林」。ハロン湾を称した言葉だ。ベトナムの世界遺産の中でも、最も知られている所、といっても過言ではない。「行ってきた」という話を、お客様からも何度も聞いた。ところが私たち、ハロン湾に行ったことがなかった。実は、去年が初訪問だった。

ハロン湾に行くには、各種ツアーを利用する方法と、自力で行く方法があり、バリエーション豊か。今回の旅のミッションが、「基本自力」なのと、ハノイ→ハロン湾→ハイフォンというルートで回りたかったので、ツアーは利用せず、バスで行くことに。（これが後ほど、トラブルになる（苦笑））。

ハノイから遠方へ行くバス停ターミナルは4つあって、ちょっとややこしい。今回利用したのは「ミーディン・バスターミナル」。ハノイ中心部から、1時間ほどかかる。

バスターミナルに到着すると、切符売り場がたくさんある。ここで大事なポイント。「ハロン湾」というバス停はないので、「バイチャイ」か「ホンガイ」を目指す。どちらもクアンニン省の地名で、ざっくりと、前者がリゾートエリア、後者が生活圏。絶対行きたい市場は後者にある。私たちは、ホンガイにホテルを取った。切符売り場で、「ホンガイ？」と聞きながらバスを探す。バス会社ご

クアンニン省 Tỉnh Quảng Ninh
バイチャイ Bãi Cháy
ホンガイ Hòn Gai

とに値段も出発時間も違うので、自分の都合のよいバスを選びたい。

　ベトナムのバスにＦＵＴＡ（フンチャンバス）というオレンジ色のバスがあって、結構乗り心地がよい、と日本人旅行者にも人気だ。今回、ハロン行きもＦＵＴＡを利用しようと思っていたが、３時間待たないとバスが出ない……。結局違うバスに乗ることにした。

　で、今回の旅の話に戻る。好奇心がムクムク。今回は１泊２日のハロン湾クルーズも予約することにした。旅行代理店で申し込む方法もあるが、宿泊サイトを見るとクルーズ船もある。これで予約することにした。旅程は結局、こんな感じ。

『ミーディンバスターミナルから、ホンガイへ。ホンガイのホテルに１泊し、翌日クルーズ船に乗り込む。１泊して下船し、バイチャイでランチを食べたらハイフォンへ移動』。

　クルーズ船は、いろいろ調べて、予算とも相談し、老舗の「アフロダイト・クルーズハロン」という船にした。

ミーディン・バスターミナル
Bến xe Mỹ Đình

アフロダイト　クルーズ　ハロン
Aphrodite Cruise Hạ Long

バスターミナルの様子

①これがミーディン・バスターミナル。中心部からタクシーで１時間ほどかかる

②切符売り場。会社ごとに売り場がある

③時間が来るとバス乗り場に移動。バスが並ぶ

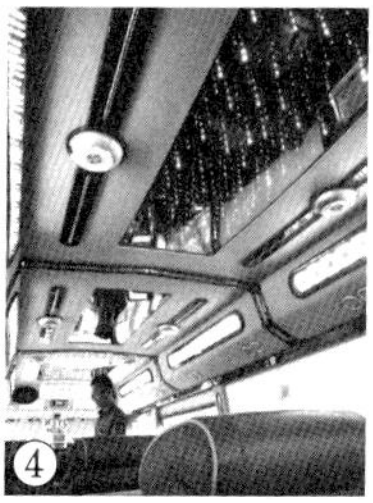

④寝台バス内部。なぜか上部にイルミネーション

バスの乗り方

ミーディン・バスターミナルに行くと、「Hạ Long」と書いてあるバスが存在する。ただし、これ、ハロンのどこに行くのかがよくわからない。自分が行きたい場所をはっきり見せて、その行先に近いバスに乗りたい。ハロン湾エリアまで、バスで４時間ほど。寝台バスを利用すると楽。ちなみに今回乗ったバスは１人12万ドン（約600円）

Hạ Long

ハロン湾でモノ思う

結局、ハロン湾には2泊した。ホンガイで1泊。船上で1泊。湾上のそこかしこにクルーズ船が浮かび、どの船にもベトナムの国旗。クルーズには、日帰り、1泊、2泊と種類があり、泊数が増えると、より遠くまで行けることになり、立ち寄り場所も増える。

クルーズ船はバイチャイ側に浮かぶ、トゥアンチャウ島の船着場から出る（後述するがこれがややこしい）。

船着場にはたくさんの船が並び、壮観。リゾート気分を思い切り満喫できる。船に泊まるのは初めての経験だったが、またぜひ泊まってみたい。

一方で、ホンガイ地区の港は、昔ながらの漁港がある。市場に直接つながった漁港で、

ベトナムの小さな漁船が、こちらもやっぱりたくさん並んでいる。ハロン湾の左と右で、まったく違った風景が広がっている。

ベトナムの海上を旅していて、「思えば遠くに来たものだ」と思った。日本からベトナムまで、約3600km。ここにはまた、日本とは違う民族が暮らし、違う文化や食べ物が存在する。世界は広いのだ。

ハロン湾は、そんな甘酸っぱい旅情を掻き立てる、街でもある。

余談だが、先日テレビで、ハロン湾の環境汚染問題が取り上げられていた。いずこも同じ。急速に発展するなか、インフラが追いつかないようだった。このままでは世界遺産から外されるかも、という話も出ていた。

限りある資源、失ってはならないもの。ぜひ、ハロン湾も美しさを失わないでもらいたいと、切に願う。

Hạ Long
ハロン

ハロン湾で船上の人になる
「1泊2日の船旅日記」

今回、最初にホンガイに泊まっているが、ここでは先に、一大イベント、ハロン湾クルーズの話から。先ほど書いたように、ハロン湾クルーズにはいろいろな種類がある。日本人にとって一番ポピュラーなのはハノイからの日帰りツアーに申し込むこと。ホテルから船着場までバスで送迎があり、大体3～4時間のクルーズになる。同じ日帰りだと、トゥアンチャウ島の船着場に行き、自分で申し込む方法もある。

1泊、2泊のクルージングだと、1日3食つき。途中他の島に寄ったり、夜は料理教室、イカ釣り体験、カラオケ大会、ゲーム大会、早朝はヨガや太極拳……船ごとにさまざまなアクティビティがある。豪華船になるに従い、料理も豪華になるようだ。さて、どうする？

リーズナブルなプランもよいが、今回は、ちょっと贅沢をしてみることにした。アフロダイトクルーズハロンは、宿泊予約サイトだと4星ホテル。船はやや古いがスタッフは経験豊かでサービス上々とある。部屋はバルコニー付きとなしがあるが、ちょっと奮発。バルコニー付きの部屋にした。締めて1泊2名35000円弱也。ハノイからの送迎も申し込める（往復で2、3万円）が、旅程と値段双方の理由からカット。

trời ơi
チョイオイ。中塚が大好きな単語。Oh My God＝なんてこった、ヤバい、しまった、みたいな意味。ベトナム人も連発する超便利フレーズ。

当日船のチェックインは12時〜12時半まで。ホンガイのホテルを出て、タクシーに乗り、予約サイトから来た住所を示す。ここでトラブル発生！　結論で言うと、タクシーの運転手も私たちも、船の出発場所を把握していなかった。トゥアンチャウ島には橋で渡れるが、ここに「クルーズ船乗り場」がある。タクシーは当然ここに着き、にこやかに去って行ったが……要するにここではない。アフロダイトのような船は、それぞれ専用の船着き場を持っているのだった。場所がわからないので、「クルーズ船乗り場」で聞くが、言われた場所に行くと違うと言われる。予約サイトにあった番号に電話をするが出ない。途中で、船着場が違うことに気が付きタクシーで向かうが、全然違う場所に降ろされた。すでに時間は12時半。「trời ơi!!」。

　結局、再び寄ってきたタクシーに乗り、通常の10倍ほどの料金を支払ったが、ここからたった300mほどで現地に到着。すでに船は錨を上げていたが、スタッフが私たちを見て「Nakatsuka?」と聞いてくれ、ギリギリ乗船できた。もう絶対無理だと思ったのだが。乗り込むと同時に、出発した。**『宿泊クルーズの船着場は、それぞれ別個にあります!!!』**個人で行かれる方は、くれぐれもお気を付けください！

　とりあえず、無事（じゃないけれど）船に乗れたので部屋に移動して、しばしベッドにゴロリ。15分ほどしてダイニングに集合し、翌日までのスケジュールを聞く。チェックアウトは翌朝10時だ。鍾乳洞、海水浴場、小舟に乗るなどさまざまなアトラクションがあるが、すべて無料（一部有料プランあり）。参加したくなければ船に残るのもOKだ（残った人は一度もいなかったけれどもね）。

バイチャイからトゥアンチャウ島へ向かう橋の入り口。

トゥアンチャウ島「クルーズ船乗り場」。間違いに気が付かず、優雅にパチリと撮影（汗）。

アフロダイト クルーズ ハロン

1泊2日旅の実況中継
スポットでご紹介

Aphrodite Cruise Hạ Long

こんなものを食べました！

ランチ　DAY 1　13:00

ランチはコース料理。デザート、パン付きで全６品

⇓

料理教室　18:00

夜は甲板で料理教室。この日は揚げ春巻き。シェフはベトナム語なので英語の通訳付き。実演後、みんなで巻き巻き

⇓

ディナー　19:00

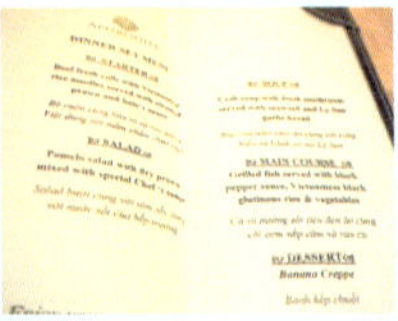

料理教室で巻いた揚げ春巻きも登場。ディナーも全６品

部屋

バルコニー付きダブル。17㎡

ダイニング

食事は全てここで

部屋のプレート。ドリンクなどの会計は、全てチェックアウト時

大まかな旅程

1日目

12:30	乗船
13:00	ランチ
15:00	スンソット鍾乳洞
16:30	ボートで洞窟散策（別料金でカヤックも）
18:00	料理教室（揚げ春巻き）
19:00	ディナー
21:00	イカ釣り体験（欠席）

2日目

6:00	太極拳（欠席）
7:00	アーリーモーニング
7:30	ティートップ島
9:30	モーニングブランチ
11:30	下船

食事以外の旅程例

DAY 1
15:00

島に渡るときは、専用の小舟で移動。ハロン湾一巨大なスンソット鍾乳洞を見学

DAY 1
16:30

手漕ぎボートに乗って海の洞窟散策。

DAY 2
7:30

ティートップ島では海水浴も。展望台に上がる組と二手に分かれて行動。私たちは居残り組に

⇓

DAY 2
7:00

アーリーモーニング

朝7時からプチモーニングが。パンやフォー、スィーツなどの軽いブッフェ

⇓

モーニングブランチ

9:30

下船前にもう1食。メイン料理も並ぶ豪華なベトナミーズブッフェで、お腹いっぱい

ハロン湾といったら海産物！
ハロン市場＆チャー・ムック
Chợ Hạ Long & Chả mực

ハロン湾に来たらどうしても食べたかったものが、名物のチャームックだ。直訳するとイカのさつま揚げ。街中にもお店はいろいろあるようだが、市場に行って食べてみることにした。旅程が前後するが、市場へはクルーズ船に乗る前に行った。ホンガイで泊まったホテルで早めの朝食を食べ、荷物があるのでチェックアウト前に市場へGO！

ハロン市場は2棟に分かれていて手前は日用品などのエリア。食材が売られているのは別の棟になる。また場外にも店が並ぶ。ここは生産地と直結する市場。圧巻なのは海産物で、ハノイ市民の胃袋も満たす、新鮮な魚介類が大量に売られている。市場のすぐ裏手は、船着場になっていて、市場へ直接、魚介を運び込める。（ここから小舟が出ていて、プチクルーズも楽しめる）。

イカ、タコ、海老、貝類。種類ごとに別々のバケツに入れられ、大きな魚は1尾ずつ入っている。まだ生きているものは酸素が送り込まれていたりもする。市場に行くとテンションが上がって、買いものをする訳ではないのに、ついつい長居してしまうが、時間がないので、早くお目当てのものを！

チャームックはやっぱりハロン名物だけあって、市場内にも、何軒もお店がある。そ

ハロン市場
チョー・ハロン
Chợ Hạ Long

の場でイカをさばき、適当な大きさに切ったものを、大きな木の棒でガンガンついて、つぶしている。粉類や調味料を入れたら、ひと口大にまとめ、油で揚げている。その揚げ立てが店頭に並ぶ。

これ、「想像できますか?」。やっぱりシンプルな料理。イカそのものがどれだけおいしいか、これがとても大事なんだと思う。食レポはやめておく。ぜひ、機会があったら実際に食べてみて欲しいから。

同じ店で、ズッ・トム（Ruốc tôm）も発見。これは海老でんぶ。バインミーサンドイッチやお粥に入れたり、炒飯の具にしたり。いろいろな使い方ができる便利なモノ。試食させてもらったら、海老の鮮度がよく、塩味がきつくなく、とってもおいしい。食べていたら、同じくお客さんらしいおじさまが、ニコニコしながら指を立て、「ンゴン！（Ngon）」。と繰り返す。おいしい、という意味だ。はい、お土産にお買い上げ。

実は、ハロンに来たら、もう一品食べてみたいものがあった。日本では天然記念物の「カブトガニ」。ベトナムでも高級品だが、ハロンはカブトガニ料理が名物でもある（ブンタウとか、他の地域でも）。友人のタム君に聞いてみると、「あれは、毒がある種類もいて、危ない。気をつけて」とのこと。ネットで検索してみたら、実際にアレルギーで倒れた日本人を発見。タイトなスケジュールなので、今回は残念だが、見送ることにした。調べてみると、ハロン湾上だけでなく、海鮮料理店でも名物として料理されているので、次回はじっくり調べて、食べてみたい（ちなみに市場では、カブトガニは見かけなかった）。おいしいのを食べたよ、という方がいらしたら、「情報希望致します」。

カブトガニ
Sam biển（サム・ビエン）
調べてみたら、マルオカブトガニ、とそっくりな種類がいて、タム君によると、「漁師さんもときどき間違える」とのこと。毒性が強く、ベトナムでもときどき死者が出るらしい。もし食べたいという方は、くれぐれもお店選びに気を付けて欲しい。

チャームック＆ズットム

食べたかった2大名物 市場で買いました

Chợ Hạ Long

❶魚もカニもたくさん。新鮮！❷大きい魚は1尾ずつ、ブクブク……❸フルーツ類❹青菜とハーブ類。このまま持って帰りたい（涙）❺右奥が市場生鮮棟。直接小船がつけられる❻場外。バイクで乗り込む人も多いので気をつけて❼場外で見かけた八百屋さん❽ランブータンも発見。ベトナム語ではChôm chôm（チョムチョム）❾外では干物も作成中❿市場2階からこの景色♪

今回はこちらの
お店で購入

Chả mực

これが
チャームック

ズットムはこれ。
試食させてくれた

Ruốc tôm

❶グラム売りだが、1個からでも購入可 ❷手作業で1つずつまとめていく ❸その横でどんどん揚げ立てが完成 ❹写真ではわかりにくいが、中にはイカ片も残っている ❺別のお店で。木の棒でひたすらイカをたたいて練り上げていた

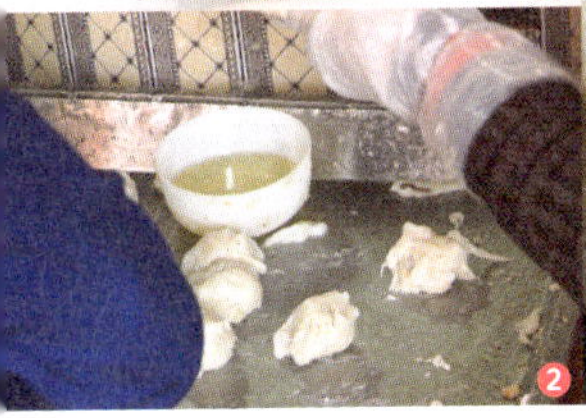

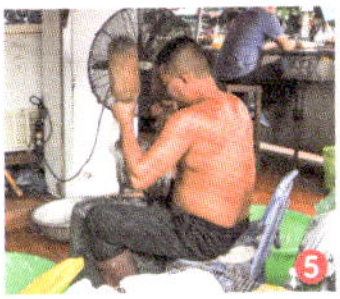

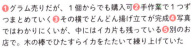

Tỉnh Lào Cai

ラオカイ省

ついに中国国境エリアへ
近くなっていた「少数民族の街」

2018年の取材旅のメインイベントのひとつが、ラオ・カイ、バック・ハー、サパ、カットカット村への旅だった。ずっと気になっているものの、とりあえず遠い。店の営業の合間に5日程の休みでは、ちょっと行きたくない。といいつつも、長い休みがなかなか取れず、ずっと行けないままになっていた。実は今回も、最後まで後回しにしていた。遠いから。10月の北部旅に行く直前にも、編集担当の松本さんに「やっぱりやめてもいいでしょうか?」と弱音を吐き、場合によってはこのエリア、本から外す気になっていた。

実際にハノイに着いてから旅程を（結局いつも現地に入ってから旅程決めていたという、粗いプランだったのだ）再調整。体育会系の合宿さながら「今行かなくて、いつ行く？行くなら今でしょう!!」と自問自答。で、最後の最後にやっぱり行くことにした。いや、結果、大正解。行って来て本当によかった。帰り際にはすでに、次にいつ行くか、考え出す始末。何といってもうれしい誤算は、高速道路の開通。すごく近くなっていた！

前置きが長いが、これからサパ方向へ行く方へ、2019年現在の行き方について、簡単にまとめておきたい。

☆ラオカイには、ハノイから出る寝台列車か、高速バス（ミーディン・バスターミナルまたは、ザーラム・バスターミナル）を利用する。

☆バックハーへは、ラオカイからバスで行く（2時間半）か、サパからのツアーを利用する。ただし、有名な「日曜市」は日曜日のみ開催なので要注意。

☆サパに行くには何通りか方法がある。ラオカイからバスで行くなら1時間ほど。ハノイからも長距離バスが出ていて、通常、ミーディン・バスターミナルが便利。個人的には『サパ・エクスプレス』のバスがおすすめ。

地名の羅列みたいで、ちょっとわかりにくいが、ざっくりとこんな感じだ。

で、今回私たちの旅は、一応無理のないプランという気分で、こんな旅程にしてみた。

1　土曜日の夜、ハノイ駅から寝台列車でラオカイに向かう。日曜日の早朝、ラオカイに到着するので、ラオカイにホテルを取っておき、荷物を預ける。その後バスでバックハーに移動。日曜市を堪能した後、ラオカイに戻り1泊。

2　午前中に起きてラオカイからサパに移動。ホテルで2泊し、サパエクスプレスでハノイに戻る。

サパからは近隣の少数民族を訪ねるトレッキングツアーがいろいろとある。私的にはツアーに参加したかったが、中塚の体力を考えて、今回は自分たちで行けるカットカット村に行くことにした。あとは、サパ市内を散策することに（以上２０１８年10月）。

車中泊1泊含め、4泊5日の旅だが、ここはベトナム。いろいろ起こるのです。

そんな話を、次のページ以降につらつらと書いてみるので、料理のお話と共に、ぜひ味わってみてください。

まずは北の街ラオカイへ！

ミーディン・バスターミナル
Bến xe Mỹ Đình
（ベンセー・ミーディン）
ハノイ中心部から西へ約1時間

ザーラム・バスターミナル
Bến xe Gia Lâm
（ベンセー・ザーラム）
ハノイ中心部から北東へ約1時間

ラオカイ

ラオカイ省の省都
中国国境の街

朝5：30。
定刻通りにラオカイに到着

バックハー行きミニバス

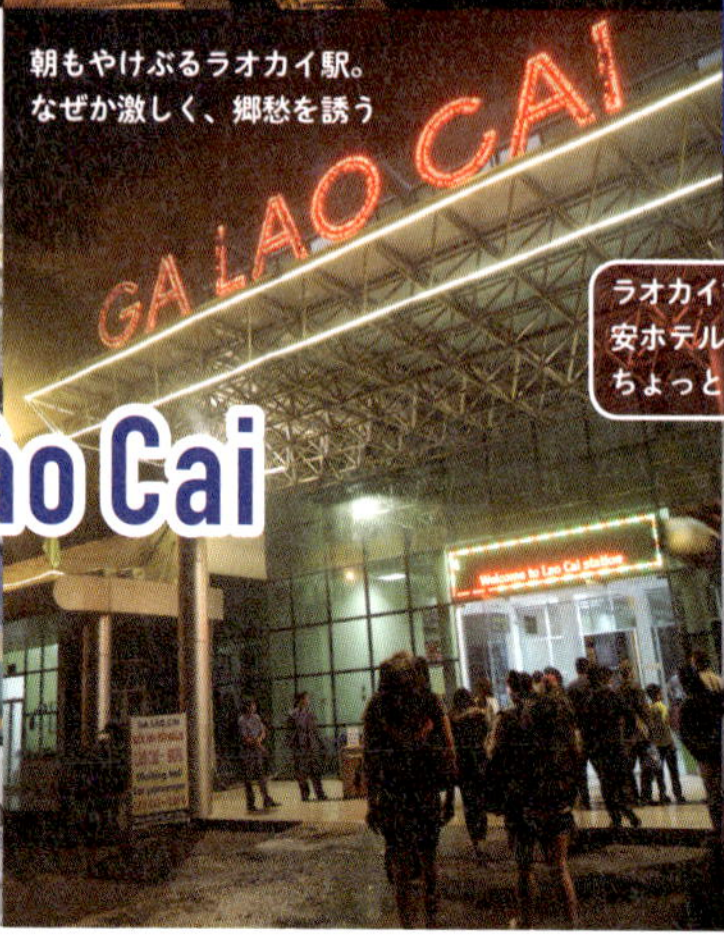

朝もやけぶるラオカイ駅。
なぜか激しく、郷愁を誘う

Lào Cai

ラオカイで泊まったホテル。
安ホテルだったが、
ちょっとキュートだった

❶事故ってぬかるみにはまり、ロープで引いてもらって脱出（汗）
❷車内荷物と、車上荷物のあひる君たち。バックハーの市場で下車
❸左岸は中国雲南省。今は鉄道も通る
❹イミグレ付近。手前がベトナムの門。「中国河口」は中国の門
❺ラオカイは、昔の書き方だと「老街」。なるほど！
❻ラオカイのフルーツ店。中国からの輸入物も多い

Cuốn sủi（クンスイ）という麺料理。
もとは中国の麺らしい。
ラオカイ省各地にこの麺はあるが、とにかく絶品！

Cuốn sủi

★ Cuốn sủi - Mì vằn thắn - sủi cảo
（クンスイ・ミーワンタン・スイカオ）
068An Phú, Tp. Lào Cai, Lào Cai

④

③

②

①

⑥

⑥

⑤

⑤

①これがクンスイの麺。生麺を自家製で打っていた②トッピングのハーブ類やもやし③パパイヤとにんじんの酢漬けもつく（左）④ワンタン麺も名物⑤クンスイに入れる激辛高菜漬けと、唐辛子ペーストなど⑥目立たない場所にあるが、朝から大人気。店内もキュート＆おしゃれ

ラオカイのコムビンザン（食堂）と食べたもの

Lào Cai & Bắc Hà

ラオカイ & バックハー

タイムテーブル1

まずはラオカイとバックハーを目指す

主な目的がバックハーの日曜市、そしてサパ、という感じだったので、王道のルートで。行きは旅情も感じられる寝台列車で、ラオカイに向かうことにした。いろいろ悩んでビクトリアエクスプレスの次のランクの「ファンシーパンエクスプレス」の寝台4ベッドルームをチョイス。ネットで予約ができ、2人で手数料込みで、8412円。ここで注意事項が1点。ハノイ駅にはA駅とB駅があり、ラオカイ行きが出るのはB駅だ。事前にB駅に行き、駅員さんにファンシーパンの待合場所を確認。1時間前に戻って、待っていると、言われた場所に違う列車の会社の人が来た。

確認すると、「ファンシーパンはここじゃない！」と指さされたのは駅構外。結局のところ、高級車のファンシーパンは、ハノイ駅の向かい側に専用のラウンジを持っていた。カフェになっていてドリンクも飲めるし、荷物も預かってくれる。トラブルその1「駅員の言うことを信じてはいけません」。できれば列車会社に直接メールで場所を聞いたほうがいいかも。何はともあれ、定刻通りに列車は出発し、早朝5時過ぎにラオカイ駅に到着。駅はもやに包まれ、やや肌寒い。以前『世界の車窓から』でラオカイを紹介していたことがあり、その時に感じた最果ての街のイ

寝台列車について

ハノイからラオカイまでの寝台列車は、SP1（21:35発）と、SP3（22:00発）の2本。どちらもラオカイまで約8時間。1本の列車に各社が客車を連結している、という仕組み。今回私たちはBAOLAU（https://www.baolau.com/）から予約した。列車に乗る際はパスポートが必要なので注意（コピーでもよいらしいが、怖いので、まだやったことがありません）。

ハノイB駅。A駅の裏側に当たる。Ga Hà Nội（ガー・ハノイ）

メージそのもの。ホン川の支流ナムティ川を渡れば中国雲南省だ。以前は結構自由に行き来できたのだが、ここ数年各種紛争があり、イミグレで手続きを取らないとダメになった。

　さて、急いでホテルに向かい、寝ている従業員を起こし、荷物を預けてバックハーへ。

　ちょうどホテルを出ると、ミニバスが通った。お姉さんが「バックハー?」と聞くのでラッキーとそのまま乗り込んだ。バス代は1人3万ドンだ。バスは途中、思いがけなく、ぐるぐると迂回する。バス内部は荷物でいっぱい。宅配便も兼ねているのか? 民家に立ち寄り、荷物を降ろしたり、大量の箱を積んだり。運転手が1人で行っている。すごい働き者だ。だんだんと、バスに乗っているのか、荷台に乗せてもらっているのかわからなくなってきた。もちろんベトナム人は誰も気にしていない。バスはやがてどんどん山道を上がっていく。結構な勾配だ。そしてそのとき、「ど〜〜ん」と激しい音がした。対向バスと思い切り衝突し、小さい方のミニバスははじかれて、車輪がぬかるみに落ちた。事故だ。通い出して20年。事故は何度も見たが、自分が乗っている車の事故は初めてだ。

　幸いけが人はなし。さすがベトナム。誰も警察を呼ばない。最初はみんなで車を押したが手ごたえなし。結局ダンプカーを呼び、鉄のロープで引っ張ってもらい、事故から1時間ほどで、何とか無事脱出。

　そして、そのまま、何事もなかったように、バスは1時間遅れでバックハーに到着した。

　ちなみに、帰りにラオカイ行きのバスを待っていたら、行きと同じバスが来た（笑）。さすがに運転手さんが「ああ!!」と声に出し、苦笑い。帰りは安全運転で、何事もなくラオカイまで帰ることができた。

列車にはバイクも乗せられる。

ファンシーパンの車両と内部。2段ベッドの4ベッドルーム。

ナムティ川（南渓川＝ベトナムの地図ではホン川になっていることもある）

バックハーの日曜市

何度でも訪れたくなる♪
ワンダーランド

Bắc Hà

牛市場は圧巻。思わず「ドナドナ」を口ずさんでしまった

❶屋台の様子。ゴマドーナツを揚げていた❷買ってみたら、中には紫山いものあんが❸自家製カラフルおこわも販売されていた

その場で肉をさばいている人も。ひづめなども残っている

❶タン・コー（Thắng cố）。馬の煮込み❷市場ではドラム缶で作った炭火焼きの上に乗せて煮込まれていた。見たことがない香辛料が豊かに入る❸すべらかな薄紅色のフォー（Phở Bắc Hà）。❹スープはちょっと酸味があったが、バリエーションがあるらしい。トッピングは豚肉が一般的❺屋台の様子

❶❷花モン族。とってもおしゃれ❸市場では美しい布製品も売られている

Lào Cai & Bắc Hà

ラオカイ & バックハー

タイムテーブル2
ラオカイとバックハーで食べたもの

今回の食事は、まず、バックハーから始まる。バックハーの市場で何かを食べて、ラオカイに戻り、ホテルに着いたら仮眠。その後、ラオカイの街を散策しよう、と考えた。

さて、バックハーの日曜市。予定より大幅に遅れたこともあり、すでに地元民の方々がメインの時間は過ぎた模様。ちょっと残念ではあるが、目当ては食材を見ることなので、まぁ問題なしとしよう。

バックハーは、少数民族の花モン族が多く住むエリアで、華やかな衣装が特徴。日曜市には、おしゃれをして遠くから来る人も多いそうだ。近年では観光客も多く、とても賑やか。この日は天気もよく気温も上がり、気持ちのよい1日だった。

日曜市は結構広い。バス停から坂を下っていくと、門がある。門はいくつもあるようだが、とりあえず入ることにする。奥の方に大きなテーブルが並んでいて、食事をするエリアのようだ。まずは手前の物販コーナーをのぞく。大きくエリア分けがされていて、ちょっとした調理器具や電化製品まであり、いろいろなものが売られている。民族衣装や装飾品などはまとまっている。市場の中心部には、青果棟、食肉棟のような場所もある。香辛料は今まで見たことがないようなも

ラオカイについて

ネットで検索すると、かつては、中国方面から来る客を相手にする売春宿なども結構あって、ちょっとアンダーなイメージもあったよう。宿泊した場所がラオカイ駅近くだったせいか、少なくてもそうした雰囲気は感じられなかった。駅から割と近い場所にショッピングビルが建設中だったので、この本ができるころにはオープンしているかもしれない。

のも多い。でも、一番驚くのは、牛売り場だろう。牛も豚も、ここでは取引がされている。

ちなみにバックハーの市場では、名物のバックハーのフォーと、馬の煮込みを食べた。この地域のフォーは赤米を使うそうで、薄紅色をしている。もちもちして弾力がある。

馬の煮込みや馬鍋は、バックハーのみならず、ラオカイ省各地で食べられるもので、ラオカイでもサパでも「たおやかに走るサラブレットの写真看板」を多数見かけたし、車座になって宴会をする風景もよく見かけた（鍋屋さんは、テーブル席ではなく、板の間に座るお店が多いようだった）。

北部山あいのハーブや香辛料がさまざまに使われ、馬の内臓まで一緒に煮込まれている。臭みはなく、味わい深い。部位によっては少し硬くて食べにくいものもあったが、独特のスパイシーな香りで、おいしい。特に冬場は、冷えた身体が温まるのではないだろうか？

ラオカイに戻ってから。ディナーは、駅の近くにあったコムビンザンで食べた。素朴な料理が多かったが、結構おいしい。駅付近にはカフェなどもあり、寝台列車待ちの利用にもいい。夜にはカフェにも訪れてみたが、バックパッカーの欧米人が多数利用していた。

次の日の朝、素晴らしい料理に出会った。「クンスイ」という。写真は65ページに紹介しているが、小豆やピーナッツ、揚げた麺のトッピングもされている、見たことのない麺だ。麺は太いがもちもちしていて、スープはシナモンや八角の味が効いていて、濃厚。ハーブ類を乗せて食べていたら隣にいたベトナム人の男の子が、これ、と赤いタレを渡してくれた。相当激辛な唐辛子ペーストだ。

酢や激辛高菜漬けもあり、投入。もうおいしすぎて今でも感動が止まらない。

コムビンザン
Cơm Bình Dân
ベトナムの通称・平民食堂。いろいろな惣菜が並んでいて、そこから好きなものを指さして注文する。ご飯とスープ、漬け物がつく。

サパの街並み＆食べたもの

街中はのんびり。少数民族の方もたくさん歩いています

宿泊した「サパセンターホテル」。
2名2泊で6000円弱

サパステーション前は結婚式撮影中

Sa Pa

人気カフェ「ル・ゲッコー」と注文したシナモンティー＆アップルパイ（ゲッコーカフェは中心部に数軒あり）

ホテル付近の風景。❶サパ教会も近い

Moment Romantic Restaurant

★ Moment Romantic Restaurant
（モーメント・ロマンティック・レストラン）
001A Đường Thác Bạc SaPa

❶カジュアルでキュートなレストラン❷なすのカレー炒め❸サパサーモンの味噌焼き❹ポタージュスープを注文❺うさぎりんごが♪

サパ湖前にはモニュメントが

ホテル前にあったおしゃれショップ

Đồ nướng SaPa

❶サパ・バーベキュー。好きなものを指さして。炭火で豪快に焼いてくれる❷竹筒のご飯はぜひ！❸辛いたれ❹この地域の「ビア・ラオカイ」

（ホテル近くに数軒あった中の１軒）

Viet Discovery

サーモン鍋。最初からある程度具材が入っている

❶サパサーモンは新鮮そのもの❷店内は広くて清潔❸鍋の様子。キノコ類や野菜もたっぷり❹店頭で馬の煮込みを作っていた❺地元特産のフルーツの地酒もおすすめ

★ Viet Discovery（ヴィエット・ディスカバリー）
（ベトナム名：Nhà hàng Khám Phá Việt）
15Thạch Sơn,Sa Pa,Lào Cai

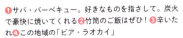

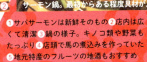

タイムテーブル3
サパ、そしてカットカット村へ

ラオカイで1泊し、午前中はラオカイの市場をちらっとのぞき、いよいよサパへ。ミニバスで1時間強（フォード車で1人5万ドン。もぐりだったかも？）。サパは海抜1560m。バスは山をどんどん上がっていく。

午後1時過ぎに到着。バスにホテルの名前を見せると、終点で降りて、とのこと。中心部にサパ教会と広場があるが、その近くだ。

ホテルのすぐ近くに立派な建物があり、恒例の結婚式の写真撮影中。ベトナム最高峰ファンシーパン山へ向かうロープウェイ乗り場だ。ホテルで荷物を預け、さっそく昼食へ。この日は晴れているが、もやもかかっている。

サパは霞たなびく街。思った以上に近代的。ヨーロッパの山あいのリゾートのようだ。否が応でもテンションが上がる。ランチは、モーメント・ロマンティック・レストランへ。キュートなレストランだ。どの料理もおいしくて満足。デザートにリンゴをサービスしてくれた。街中を散策して一度ホテルに戻り、今度はカフェタイム。

サパの人気カフェ「ル・ゲッコー」でアップルパイとシナモンティーをオーダー。今回食べ物をメインとした旅日記なので装飾品にあまり触れていないが、バックハーもサパも、布好きなら間違えなく「壊れます」。私

ファンシーパン山
（Núi Phan Xi Păng：英語だと Fansipan mountain）ホアンリエンソン山脈（Hoàng Liên Sơn）にあるインドシナ半島最高峰（3143m）の山。現在ロープウェイ＋ケーブルカーでなんと15分ほどで登れてしまう（ロープウェイとケーブルカーの往復85万ドンなど、チケットは各種あり）。一気に上るので高山病に注意。

ル・ゲッコー
ゲッコーはヤモリの意味。

も、大量に買いそうになった。

夜はホテルの近場で。サパ名物のバーベキュー「ドオ・ヌォン・サパ」を食べた。店頭に串が並んでいるので、好みのものを指さすと炭火で焼き、辛いタレを添えて出してくれる。いろいろな地域でこのバーベキューは名物になっているが、サパでは竹筒に入ったもち米のご飯がある。これが絶品だ。夜になるとすっかり肌寒い。一応ダウンベストを持ってきていたが重宝する。

翌日は、カットカット村へ。ホテルから3㎞ほどらしいので歩いていくことにする。道中は、のどかな田園風景が広がる。途中、ネットで見つけてからずっと気になっていた「カフェ・ヘブン」に立ち寄った。よくこんなところにお店を作ったよな、というクレージーな断崖絶壁にあるカフェ。写真は割愛するがやっぱり結婚式の写真を撮影していた。

さらに歩き、カットカット村に到着。黒モン族の村だ。やや観光地化されていると書かれているが、この村で人々は普通に生活している。入り口にはチケット売り場があり、入村料は1人7万ドン。中はちょっとしたハイキングコースになっていて、途中食堂や食材売り場などがあり、結構楽しめる。帰りは出口に止まっていたタクシーでホテルまで。

夕食はサパで。人気の「ヴィエット・ディスカバリー」。ずっと気になっていた「サーモン鍋」を食べに出かけた。サパはサーモンの養殖で知られるが、正確には鱒。切り身が美しいサーモンピンクで食欲を掻き立てる。鱒を食べてから、大量の青菜やハーブ、豆腐、筍、きのこ類も投入。〆はブンを選んだ（ラーメン：ミーもある）。店には自家製の地酒（フルーツリキュール）もあるので、飲める方はぜひ、こちらもお試しを。

結婚式の写真
ベトナム人は、無類の写真好き。いつでもどこでも撮影風景を見ることができるが、結婚の際には、アルバム作りに、大掛かりなロケ撮影をすることが多い。観光スポットなどでよく見かける。最初はアパレルのイメージ撮影かと思った（笑）。

ドオ・ヌォン・サパ
Đồ nướng SaPa

カットカット村の入村料
入村料？と思うかもしれないが、ベトナムの村では部外者から入村料を取ることが普通。村によっては事前許可制になっているため、通常は観光客は入れない。レアな村に行きたい場合は、ツアー会社に相談を。

ミー
Mì

カットカット村&サパの様子

世界で最も美しい棚田11に選ばれたサパの棚田。村の風景も美しい

The Haven

天空にあるカフェ「ヘブン」。宿泊もできる。眼下に棚田も望める

★ The Haven（ヘブン）
Đồi Vọng Cảnh, Bản Cát Cát,
Xã San Sả Hồ, Sa Pa, Lào Cai

Cát Cát

村の中心部には水車も

これがカットカット村の入口。入村料を払うと地図をもらえる

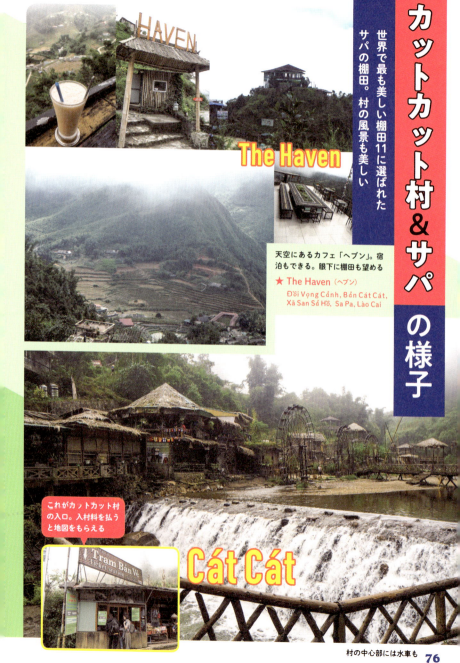

Sa Pa

サパの街の中には、少数民族がいっぱい。商品を販売していたり、ガイドツアーを行っていたり。道端で休憩したり、おしゃべりを楽しんでいる様子も見かける

The Hill Station Signature Restaurant

❶店内はおしゃれな雰囲気❷豚の煮込み❸スープ❹もち米おこわ❺蜂蜜なども販売

★ The Hill Station Signature Restaurant
（ザ・ヒルステーション・シグネチャー・レストラン）
（ベトナム名：Nhà hàng Khám Phá Việt）
037Fansipan, Sa Pa,Lào Cai

❶村にあったBBQのお店❷黒モン族には藍染めを行う家も多い❸おしゃれな布製品を販売するお店もある

❹竹筒のご飯❺シナモンティーにはレモングラスも❻名物。甘いフライドポテト

★ Cat Cat Riverside Cafe
（カットカットリバーサイドカフェ）
Bản Cát Cát, San Sả Hồ, Thị Trấn Sa Pa, Sa Pa, Lào Cai

Sa Pa
サパ

タイムテーブル4

サパ最終日そしてハノイへ

寝台列車泊を入れて3泊4日にしたのだが、本当にあっという間の旅だった。今回、あまり紹介できていないが、サパの市場にも2度ほど出かけた。市場だが、以前は街の中心部にあったのだが、老朽化により移転したそうで、サパ教会からは離れている。ゆっくり歩くと30分ほど。教会から市場まで電気自動車が運行とも聞いた。

市場の2階奥が少数民族の雑貨や小物販売エリア。その場で製作もしている。1階は、生鮮品を販売するエリアと、小物や香辛料・薬湯などを販売するエリアがあり、食堂棟もある。外ではおやつ類も売られている。サパエリア特産の蜂蜜などもあり、相当楽しい。おやつ類はモン族の方が作った自家製で、いくつか買ったが、素朴ながらどれもおいしかった。あと、このエリアの名物は、水牛のビーフジャーキー。市場だけでなくあちらこちらで販売されている。検疫の関係で日本に持ち帰ることはできないが、ベトナム滞在中のおつまみにおすすめしたい。

市場場外は、夜になるとテントが運び込まれ、ナイトマーケットも登場。どんどんとテントが運び込まれ、マーケットができ上がる姿は壮観。中心部から離れてしまったので、観光客は少なく、2階の少数民族エリアでは、モン族やザオ族の

サパエクスプレス公式サイト
https://www.sapaexpress.com/en

サパにあったバス停。

楽々リクライニング。水とおやつ、毛布付き

おばあちゃんに取り囲まれてしまった（笑）。価格は良心的で、言葉ができなくても交渉も可能。時間があれば、電卓片手にぜひ足を運んでみてもらいたい。

サパ最後のランチは「ザ・ヒルステーション・シグネチャー・レストラン」で（朝食に「レッド・ザオ・レストラン」に行ってみたのだが、民族料理はなくて欧米系のモーニングだったので立ち寄らず）。おしゃれなブティックホテル1階にあるレストランで、近くには系列のデリ（クラフトビールも飲める）もある。

ここでは「黒モン族の豚のスパイシー煮込み」「黒モン族のスープ」「カラフルなもち米おこわ」を注文。特においしかったのが、豚のスパイシー煮込み」。この地方独特の山椒（日本の山椒と味が違う！）が効いていて、他の地方では食べたことのない味。レストラン内は洗練された雰囲気で窓から見える風景も美しい。夜はロマンティックな雰囲気。地酒や蜂蜜、お茶を販売するコーナーもあった。

帰りは、63ページに書いたように『サパエクスプレス』を利用した。理由は2つ。バス停がサパ中心部から近い（他のバスはほぼ、サパ市場横のバスターミナルから出発）こと。そして、ハノイもホアンキエム湖近くに止まって解散する。ハノイのバスターミナルはどこも中心部から1時間ほどあるので、これはとてもありがたい。さらに書くと、バスもとてもキレイだ。途中トイレ休憩もあるが、車内にトイレもついている。ハノイまでは6時間ほどかかるのでこれはありがたい。

バスは今回、バス会社のサイトから予約した。「シート」「ベッド」の2種類あるが、ベッドがおすすめ。結構リクライニングできて快適。熟睡してハノイに着いた。

トイレ休憩はサービスエリアで。ご飯も食べられる（別料金）。

ハノイにあるバス停。

第2章

遺跡&リゾートを満喫できる、エキゾチックエリア

中南部

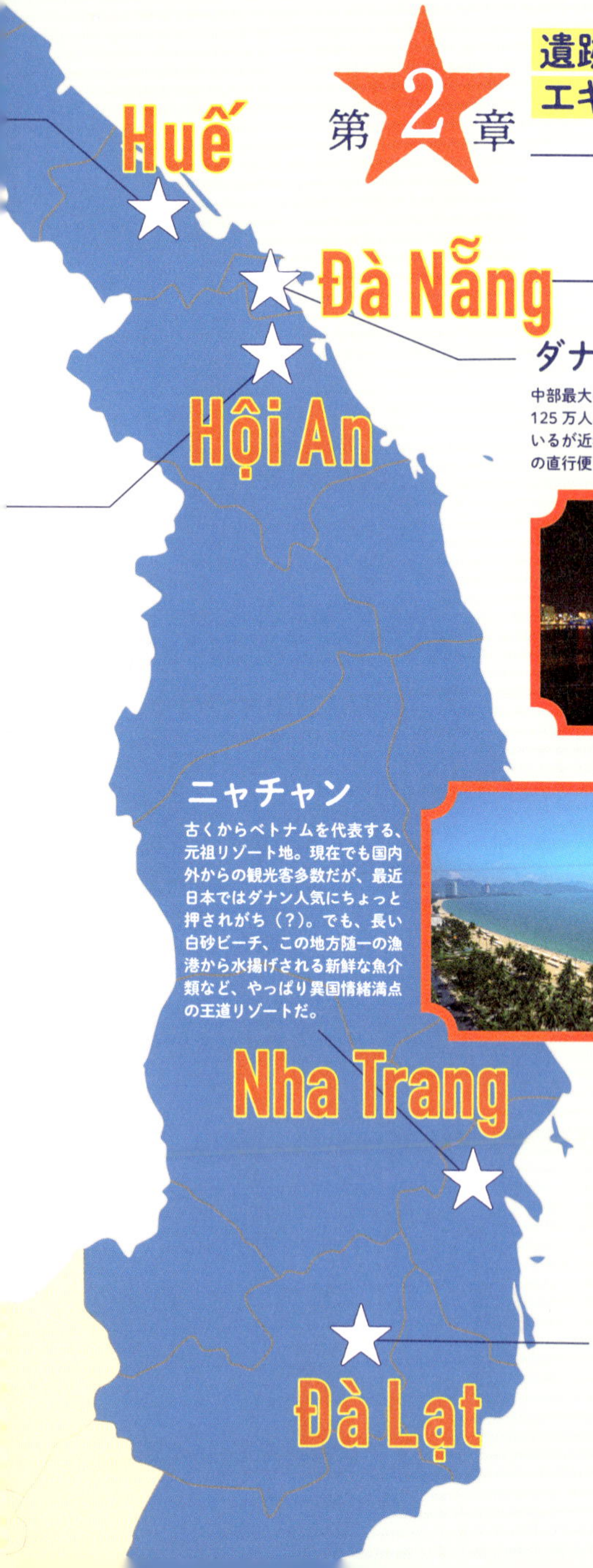
Huế
Đà Nẵng
Hội An
Nha Trang
Đà Lạt

ダナン

中部最大の都市で中央直轄市のひとつ。人口は約125万人。ベトナム有数の工業地として知られているが近年は世界有数のリゾート地に。日本からの直行便もある（2019年現在）。

ニャチャン

古くからベトナムを代表する、元祖リゾート地。現在でも国内外からの観光客多数だが、最近日本ではダナン人気にちょっと押されがち（？）。でも、長い白砂ビーチ、この地方随一の漁港から水揚げされる新鮮な魚介類など、やっぱり異国情緒満点の王道リゾートだ。

ダラット

中部高原地帯にあり、海抜1500mほど。フランス統治下時代より、フランス人の避暑地として発展し、フレンチヴィラ風の建物も多い。林芙美子氏の小説『浮雲』の舞台でもある。ベトナム人の新婚旅行先としても人気。

フエ

ベトナムの古都。1802年から1945年まで、阮（グエン：Nguyễn）王朝の都が置かれた。1993年町の一部が世界遺産に登録される。香江（フォン川：Hương Giang）を挟み、旧市街と新市街に分かれている。

タイ
Thailand

ラオス
Laos

ホイアン

1999年に世界遺産登録された、ベトナムを代表する観光地。チャム族による、「チャンパ王国」時代から貿易港として知られる。中国・福建省からの移民が多く中国人町だけでなく、日本人町もあった。往時の繁栄を思わせる建物多数。「来遠橋（日本橋）」という名の橋も残る。

カンボジア
Cambodia

遠い昔から、ヒンドゥ教シヴァ派の宗教を持つチャム族によるチャンパ王国が築かれたり、フエに「阮（グエン）王朝」が築かれたりと、歴史的な変化に富む地域です。東側は海で海岸が広がりますが、西に向かうと、ほどなく山に当たるという起伏に富んだエリアでもあります。

各地方に異なる名物が残っていて、風景もガラリと変わります。歴史の変化を背景に、特徴のある食べものも多く、いろいろな体験ができる、ワンダーランド。

Đà Nẵng ダナン

Shiroさんにアテンドしてもらった

楽々ダナンオリジナルツアー 1 ミークアン Mỳ Quảng

「ダナンにShiroさんという人がいて、ベトナム関係だったら知らないとモグリだよ」。私がShiroさんのことを知ったのは、そんな一言から。その後ツイッターで相互フォローしてもらって、10年以上になる。中塚がシクロにいた頃、中部に1度行ったが、ダナンは当時はまだ、リゾートというより工業の街というイメージ。このときはホーチミン市、中部、ハノイと縦断旅だったので、ダナンには寄らなかった。そしてそのまま、ダナンには一度も行けていない。

そこで、ダナンに行くことがあったら、Shiroさんにアテンドをお願いしよう、と決めていた。ちょうど、3年前のベトナムフェスティバルに著書本の紹介も兼ねて、Shiroさんは来ていて、そこで初めまして、と挨拶した。ダナンでは、会うのは二度目だ。

事前にリクエストをしたのは、「ちょっと面白いところに行きたい。ダナンの田園風景を見たい。歴史を感じられる場所にも行きたい」。おお、ザックリな注文（苦笑）。中部全体をフィーチャーすると移動距離が長いので、ダナン近郊に絞ってもらった。前もって、プランをメッセージで送ってもらったので、とても楽しみ。ワクワクして当日を迎える、はずが、高熱を出し、まさかのダウン。なんと、

Shiroさんとは

ダナン在住18年のベトナム中部を中心とする旅のスペシャリスト。テレビ局や料理研究家などプロを長年コーディネートしている。知り合いのベトナム料理店にもアテンドをお願いしている人多数。最近では一般の方のアテンドも受けているそう。ダナンおてんきブログを主宰（ここからメールで相談もできる）https://blog.goo.ne.jp/otenkidanang 著書に『現地在住日本人が案内するダナン・フエ・ホイアン』（東京ニュース通信社）がある。

リスケしてもらえ、別日に行けることに。

車をチャーターしてもらい、朝8時にホテルまで迎えに来てもらい、最初に向かったのは、通称ミー・クアン村（トゥイロアン地区）。

ミークアンはダナンの名物麺料理だが、ダナン郊外の通称ミークアン村には、ミークアンの店が並んでいて、自家製で麺を作っている。

ここでお店に入る前に、ミークアンの説明を。中部にクアンナム省という省があり、その省のミー（麺）という意味で、この麺はダナン名物とされる。ミーはもともとは小麦粉で作るラーメンみたいな麺だが、ミークアンの材料は米粉だ。相当太い麺できしめんみたい。麺はもっちりしていて歯ごたえがあるが、きしめんまでの弾力はない。そして、ミークアンは汁麺ではなく、たれをあえて食べるあえ麺だ。Shiro さんによると、「家庭ごとにミークアンの味はそれぞれ違う」ということで、ダナンに数多あるお店もそれぞれオリジナルの味で勝負している。使う具材もお店によりさまざまだ。今回最初の店の周りは何もなく、ミークアン屋さんだけが点在する。それでも早朝は大賑わいなんだそう。

幅広の美しい白い麺で、ここは鶏のミークアンが名物。地鶏を使っているそうだ。ミークアンには焼きライスペーパーが付くのがお約束で、バリバリ割りながら、野菜をトッピング。ベトナムライムのチャインもギュッと絞る。日本でつけ麺好きな人なら、間違いなく好きだと思う。自分で味変もできるし。早朝からこんな贅沢な朝ご飯を食べているベトナム人が心底うらやましい。

味は複雑なのでひとことで説明不能。写真からそのおいしさが十分に伝わると思うので、ごめんなさい。１杯２５０００ドン。お腹も心もすっかり満たされ、次の目的地へ♪

ミー・クアン Mỳ Quảng
日本では一般的にダナン名物、と書かれるがホイアンのあるクアンナム省の名物でもある。ホイアンで後述するカオラウと同様、日本から入ってきた説もあるらしい（森泉調べ）。

クアンナム省（Tỉnh Quảng Nam）**とダナン**
現在ダナンは中央直轄市として特別区扱いだが、かつて、クアンナム＝ダナン省の省都だった。現在のクアンナム省の省都はタムキー（TP Tam Kỳ）。ホイアンはクアンナム省にある。

オリジナルツアー
シーン12

Đà Nẵng

Mỳ Quảng

鶏のミークアン

食べたのはこの店！

★ Mỳ Gà Phúc（ミー・ガー・フック）
QL14B, Hòa Vang, Đà Nẵng

3

1

4

2

❶トッピングの野菜にはバナナの花の蕾やミント、もやしなど❷早朝から大人気の店❸青唐辛子で激辛にも❹麺は結構、幅広だ

トゥイロアン亭 Đình Túy Loan

❶当時はまだ漢字圏なので漢字が残る。精緻な装飾が美しい。歴史的にも美術的にも貴重な亭だ❷田んぼが広がる。日本の里山とも重なるベトナムの原風景❸案内看板

ライスペーパー工場 Rice Paper Factory

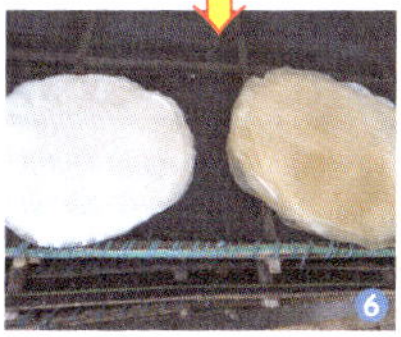

❶今回行ったのはこちら。家族経営の工場だ❷この鍋で蒸して、竹で編んだ大きなざるにのせる❸鍋にのせて広げて乾いたらざるへ移動❹火力はもみ殻！❺天日で乾かして完成❻完成品。味のバリエーションがある❼四角いライスペーパーも ❸,❺PH：Shiro

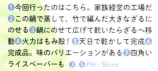

Đà Nẵng
ダナン

楽々ダナンオリジナルツアー 2
トゥイロアン亭&ライスペーパー工場

　続いて向かったのは、「トゥイロアン亭」という場所。1400年代後半には、ダナンの中心地はこの辺りで、当時の集会場の名残だという。亭（ディン）というのはどの村にも必ずあった集会場で、集会をしたり、祭礼を行ったり、ご先祖を祭ったりもするところ。ベトナム人の心のよりどころでもあった場所だ。細部に細かな彫刻が施されていたり、建築物としても特筆すべきところが多々ある。トゥイロアン亭には、ベトナム語の案内看板がある。Shiroさんに訳してもらうと「1470〜97年ごろ、この集会場はでき、海のものも山のものも全てここに集まった」とあり、当時の栄華が偲ばれる。調べてみたら、今、ベトナム全土で亭の保存運動が行われている。トゥイロアン亭は、ダナン近辺でも他で使われてないような建築様式を残していて、現在でも祭事などに実際に使われているそうだ。訪れた日は誰もいなく、とても静かな時間が流れていた。付近はまるで日本の田舎の風景のようだ。しばしダナンの歴史に思いを馳せるには最高の場所。

　次はこの付近で人気のライスペーパー工場へ。途中田園風景が広がる。見渡す限りの青い稲。ホイアンに有名なオーガニック農場がある（未訪）が、位置的にはその近くだそう

トゥイロアン亭
Đình Túy Loan
（ディン　トゥイロアン）

だ。ベトナムはタイと並ぶ、世界1、2位の米輸出国だ。中部でも美しい田んぼの風景を見ることができる（ただし、気温は40℃近い。多分、体感温度はもっと暑い!!）。

ライスペーパー工場、残念ながらこの日は作業はお休み（リスケしたので）。工場内を見学させてもらった。Shiroさんの写真も加え、工程は85ページのような感じだ。

「今ダナン付近でも、手作業で全工程作っているところはほとんどないと思います」とShiroさん。この工場でも四角いライスペーパーは機械式になっているが、ある程度の工程がやっぱり手作業なので味が違うという。

作っていたライスペーパーは、生春巻きを巻くような薄いものではなく、焼いてミークアンに入れたり、料理をのせて食べるときに使う、おせんべい的なものだった。焼いたものを食べるとパリパリとした歯ごたえ。お米の風味がしっかり香る。

焼きライスペーパーを食べているとお腹が空いてきた。時間的にはちょっと早めだが、お昼ごはんに移動。位置的にはダナンから40kmほど。「ローストビーフ」で有名な村があるという。「ベー・トゥイ」という名で、子牛を1頭丸焼きにする。ケバブさながら、店頭でシャリシャリと薄切りにして、提供するというのだから、いやや。豪快。何もない田舎道を移動していくと、店が見えた。とても広く、ものすごく混んでいる。

ベトナム版ローストビーフは薄いピンク色。ハーブ類、きゅうり、青バナナ（しぶい！）、漬け物と一緒に、ライスペーパーに包み、タレをつけて頬張る。このタレ、中部でよく見かけるマム・ネムというヌックマムを採った後の魚の塩辛ベースのタレだが、肉とよく合う。そして、もう1品！（90Pに続く）。

ベー・トゥイ
Bê Tươi

マム・ネム
Mắm nêm

オリジナルツアー
シーン 3

そして
Shiroさんと
食べたもの

ローストビーフ

Bê Tươi

薄ピンク色のローストビーフ。左下はタレ

子牛ちゃんが上からドローン。この店、1日2トンもさばくそう（驚！）

❶行ったお店❷絶品子牛の血のスープ❸ローストビーフに添えられたハーブ類❹焼きライスペーパー❺きゅうり＆青バナナ❻これで店内一部。とても広いが大盛況

海辺＆市場

お魚市場

Shiroさんは常連

貝類もいろいろ売られていた

お椀ボート（ざる船）とダナンの摩天楼。うれしすぎる入道雲

Gỏi Cá ゴイカー

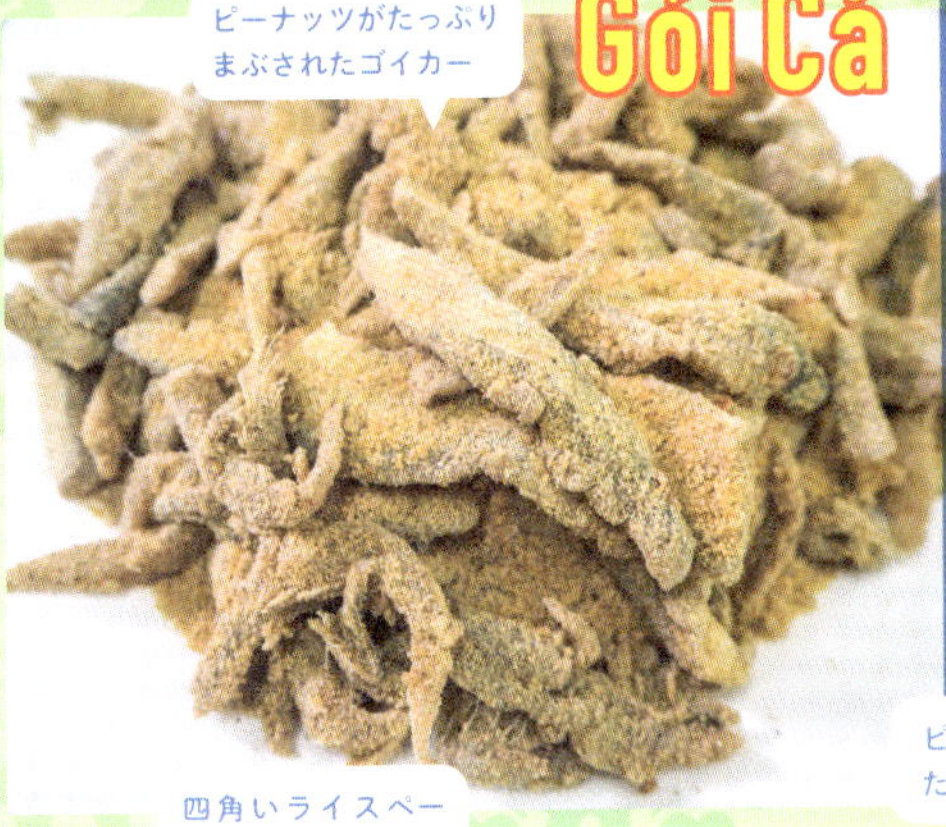

ピーナッツがたっぷりまぶされたゴイカー

これでセット。右奥の汁に漬かった方は、焼きライスペーパーにのせて食べた

四角いライスペーパーに野菜、ハーブと一緒に巻き、タレをつけて食べる

ピーナッツたっぷりのタレ

★ Gỏi Cá Cẩm Tú
（ゴイカー・カム・タウ）
950 Nguyễn Lương Bằng, Quận Liên Chiểu, Đà Nẵng

Bánh Mì バインミー

オーナーさんの笑顔もキュート♪

❶長く飛び出したわけぎも、よいアクセントに❷迫力の豚ハム❸注文すると、手際よく作ってくれる❹具を挟む前に炭火で炙ってくれる

★ Bánh Mì Quỳnh Anh
（バインミー・クイン・アイン）
132 Phan Châu Trinh, Quận Hải Châu, Đà Nẵng

楽々ダナンオリジナルツアー　3

ベトナムローストビーフ・ゴイ・カーなど
Bê Tươi & Gỏi Cá

「牛の血のゼリーが入ったスープがあって、僕はここのしか飲まないんですよ」。もう1品は、そう、血のスープ。ハーブがたっぷり入ったピリ辛スープには牛肉の部位各種と、血のゼリーが入っている。この店は1日に2トンもの子牛をさばくそう。丸ごとだから、新鮮な牛骨も入手でき、そこからスープを取る。もちろん血も新鮮！（リアル）。臭みはゼロ。ものすごくおいしい。

そして海辺へ。都会ダナンの摩天楼と青い海、そして漁に使うお椀ボートが並び、テントの中は、魚売り場。これ、立派にお店！

次はゴイカー。ゴイはサラダ、カーは魚。国の半分が海辺になっているベトナム。実は海辺の街各地に、ゴイカーはある。

ただ、同じ名前でも、地域で料理が違う。要は、「魚サラダ」といっているようなもの。生魚を酢で〆て、食べる感じなのだが、使う魚、味付けなど、地域ごとに特徴がある。もちろん、どの場合も、日本の魚の酢〆や、昆布〆とは全然見た目も味も違う。

ここでダナンの歴史だが、近くに世界遺産のミーソン遺跡などがあるように、古くはチャム族による、チャンパー王国があったエリアだ。今でもチャム族のもたらしたものが中部各地に残っているが、この日 Shiro さん

ゴイ・カー
Gỏi Cá

が連れて行ってくれた店も、チャム族のゴイカーを食べさせてくれるという。

ベトナムでは、数か所でしかゴイカーを食べたことがないが、ピーナッツがふんだんにまぶされたゴイカーを食べるのは初めてだ。

コハダによく似た小さな魚（いわしの仲間だと思われる）を丸ごと使い、鮮度が良いのがよくわかる。写真のように2種類あり、ひとつはピーナッツをまぶしたもの、もうひとつはピリ辛の調味液に漬け込んでいるバージョンだ。ピーナッツがたっぷり入ったタレも添えられていて、このタレは、汁なしバージョンに利用する。ハーブ類いろいろ、きゅうり、未熟マンゴーと一緒に食べる。今回、行ったお店は、近所にゴイカーのお店が並ぶ場所にあって、中でも人気店とのこと。

途中、土産物店に立ち寄り、お土産に少数民族の壺酒を購入。飲むときに水を入れる変わったもの（壺酒の話は、別の機会に）。

最後に立ち寄ってもらったのは、ダナンのバインミー屋さん。ダナンなど中部のバインミーは、先が尖がった形のものをよく見かけた。バインミーも、地域で特徴がある。

教えてもらったバインミーやさん、間違いなくベスト3に入る味。もともとはパンの卸売りをしていたお店だそうで、まず、バインミーそのものがおいしい。皮も味わい深く、パンは重すぎず、軽すぎず。

実はさすがにお腹がいっぱいで、でも食べたくて、作ってもらったものをホテルにお持ち帰りした。せっかく表面をカリッと炙ってくれていたのに、申しわけない気持ちだったが、ホテルに戻ってもまだ、パンはパリッとしていた。レバーパテもジューシーで、豚肉で作るベトナムハムも、たっぷりのきゅうりも。ツアーの〆に最高の味だった。

ダナン街角の風景

旅の思い出スナップ

リンウン寺にあるベトナム一大きな観音様

チャーターできるクルマ

フランス統治時代に建てられたダナン大聖堂

ダナン発の「AZZAN Coffee & Chocolate」のチョコレート

中部といえば錦海老（Tôm Hùm Bông）。世界最大になる伊勢海老の仲間。ダナンには巨大な伊勢海老（Tôm Hùm Gai）もいるそう

ダナンのランドマークのひとつ、ドラゴンブリッジ。夜はライトアップされる。土日祝日のショーも（20：45頃～10分程度）

ミーケービーチ。日中は暑すぎて人もまばら

ダナンの夜は更けていく（中央で光っているのはドラゴンブリッジ）

ハン市場で。発酵系の辛い調味料が多い

Đà Nẵng
ダナン

ダナンに行ったら外せない！
ダナンで食べた名物料理

中部一の都市ダナン。中心部にはハン川が縦に流れ、街を左右に分断。海側はミー・ケー・ビーチが有名なリゾートエリア、左側が街の中心部となっている。ハン川にはいくつも橋がかかっているが、近年の新名所は、週末に火を噴く「ドラゴンブリッジ」。夜はライトアップされるのも美しい。

リゾート側にはシーフード料理店が多数並ぶ。まだまだ新しいホテルもどんどん建設中だ。一方、人気のダナン名物が食べられる店は街側に集中している。

今回は、シーフード専門店には行けなかった。海岸沿いには巨大な海鮮レストランも、高級店もある。次回は行ってみたい。

ダナンに行ったらぜひ食べたい、地元の名物をいくつかご紹介。そうそう。中部に行ったら気がつくと思うが、このエリアではフォーはほとんど見かけない。全くないわけではないが、探さないとダメな感じ。フォー文化圏ではないことを、改めて実感する。

ダナンで食べたかったのが、まずミークアン。そしてダナンで捕れる魚介で作るさつま揚げが入った汁ブン「ブン・チャー・カー」。この2つは2軒食べ歩きした。ミークアン2軒目は、1975年創業という老舗の人気店、ミークアンA1へ。ここでも鶏のミークアン

ダナンへの交通
現在、成田空港と関西国際空港から直行便が出ている。日本から行くには他に、ホーチミンまたはハノイからの乗り継ぎ便になる。

ミー・ケー・ビーチ
Bãi biển Mỹ Khê

ブン・チャー・カー
Bún Chả Cá

を食べた（ミークアンについては83ページをご参照）。他にも友人のタム君から教えてもらった「カエルミークアン」も気になったが、これも次回に。

「ブンチャーカー」は、ガイドブックでおなじみの「ブンチャーカーオンター」と、ベトナム人の友人から教えてもらった「ブンチャーカーバールー」へ。

外せないのが、中部のコム・ガー。ベトナム版チキンライスだが、ダナンのコムガーのご飯は、ガックという赤い果実を使い、オレンジ色をしている。ちなみに後述するホイアンのコムガーは黄色い。中部出身のベトナム人何人かに、なぜ色がついてるのか聞いてみたが、「きれいでしょう」という答えが返ってきて、理由はまだ、不明のままだ。ちなみにガックの実、赤い成分はポリフェノールのカロテン。数年前に、ガックのカロテンは素晴らしい薬効があると、アメリカ農務省の発表で話題になった。見た目がきれいなだけでなく、薬効もあるとは一石二鳥。

人気店「コム・ガー・アー・ハイ」では、揚げた鶏と、ゆでた鶏の2種類のコムガーがある。向かいにはテイクアウト専門店まであって、こちらも大盛況。揚げもゆでもおいしいが、どちらかひとつ、というのなら、クリスピーな揚げがおすすめ！ ゆでにはラウ・ラムというタデ科のハーブがたっぷり添えられていて、ヘルシー派にはもちろんこちらもおすすめだ（結局、両方おすすめ（笑））。

チェー屋さんも1軒。「チェー・スアン・チャン」というお店で、地元の人が多い人気店。店内のカウンターに豆類を煮た大鍋が並び、ベトナムプリンやドリアンチェーなどもあった。豆類のチェーは豆の味を生かしたほんのりとした甘さ。ココナッツミルクに合う。

コム・ガー
Cơm Gà

ガック
（和名：ナンバンカラスウリ）
Gấc
β-カロテン、リコピンなどを豊富に含むスーパーフードとして近年話題に

ラウ・ラム
（北ではザウ・ザム）
Rau răm
和名ヤナギタデ。ドクダミと香菜を合わせたような独特の香りがある

ダナンで食べたい名物4

外さない名店をご紹介

Bún Chả Cá Ông Tạ

❶スープ。トマトやパイナップルも入っている。スパイシー❷自家製で作られるさつま揚げや魚介ハムなど。かぼちゃも入る❸店頭で。テキパキ作ってくれる❹外観❺トッピング野菜類

★ Bún Chả Cá Ông Tạ - Nguyễn Chí Thanh （ブンチャーカーオンター）
113A Nguyễn Chí Thanh, Quận Hải Châu, Đà Nẵng

ブンチャーカー2軒

Bún Chả Cá Bà Lữ

食べたのは小さいサイズのタップカム（全部乗せ）

トリプル唐辛子で味変。マムトム（海老の発酵系調味料）も美味♪

★ Bún Chả Cá Bà Lữ
（ブンチャーカーバールー）
319 Hùng Vương, P. Vĩnh Trung, Quận Thanh Khê, Đà Nẵng

コムガーアーハイ
Cơm Gà A Hải

揚げは、一度焼いたものをさらに揚げている

❶ゆでにはラウラムが。どちらもスープつき❷細長い店。テイクアウトも人気❸左奥には揚げたての鶏が❹テーブルには激辛唐辛子

★ Cơm Gà A Hải（コムガーアーハイ）
100Thái Phiên,Quận Hải Châu,Đà Nẵng

ミークアン 1A
Mì Quảng 1A

今回食べたのは鶏のミークアン。他に豚＋海老、とスペシャルがある

❶味変セット。唐辛子酢を入れるのもおすすめ
❷外観

★ Mì Quảng 1A（ミークアン 1A）
1A Hải Phòng, Quận Hải Châu, Đà Nẵng

Chè Xuân Trang
チェー

❶レッドビーンチェー（左）1万ドンと、ドリアンチェー2万ドン❷豆は自家製で煮込まれている

★ Chè Xuân Trang（チェー・スアン・チャン）
31Lê Duẩn,Quận Hải Châu,Đà Nẵng

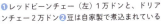

Huế

フエ

そうだ！フエへ行こう！
南北統一鉄道で行く方法

ベトナム国内を移動する際、公的交通機関は、現在、飛行機と鉄道、バスの3種類だ。あとはタクシー、バイタク、車のチャーター。

今回はダナンからフエに移動し、1泊することにした。バスで行く方法と、鉄道で行く方法がある。ここはやっぱり「南北統一鉄道」で！ダナンからフエまでは3時間弱の鉄道旅になる。チケットは駅に行って窓口で買うか、国鉄のサイトで。ハードシートから寝台車まで選べるが、ハードシートは文字通りハードなうえ、カオスなので（笑）、行きはソフトシート、帰りは寝台車にした。

クレジット支払いも選べるのだが、電話番号を入れるところが出てきて、日本のスマホだと、どうもうまく行かない（単にわかっていないからかもだが）。現金払いに。48時間以内に支払いが必要なので、駅に寄って支払いをした。お金を払うと、チケットと交換してくれる（行きは定刻通り。帰りのフエ→ダナンは30分ほど遅れて来た。遅れる場合は、アナウンスがある（ベトナム語と英語）。

フエまで鉄道を使いたかった理由は、ハイヴァン峠。『世界の車窓から』で統一鉄道一番のハイライトが、ダナンとフエの間にある、と知り、ずっと乗りたかった。あと気になるのはベトナムの駅弁。無事ゲットできた。

ベトナム国鉄サイト
https://dsvn.vn/#/lienhe
鉄道に乗る際には、パスポートが必要（コピーでもいいらしいが未確認）。

BAOLAU
https://www.baolau.com/
こちらでも予約できる

私的幻のフエ名物2
ブン・ボー・フエ＆コム・アン・フー
Bún Bò Huế & Cơm Âm Phủ

今、ホーチミン市ではフエ料理が大人気。専門店もたくさんあるが、独自の進化を遂げているのがこの2つの料理だ。

ブンボーフエは、ブン＝麺、ボー＝肉、フエ＝地名でフエの牛肉汁麺。フエ名物の激辛汁麺だ。私たちが最初に食べたのは、15年ほど前。当時、店に近づくと唐辛子で目が痛くなった。見た目はそうでもないが、ものすごく辛い料理で、内臓類も入っていた。その後、いろいろな理由から昔とは違う味に。今はさほど辛くない。ちなみにホーチミン市のブンボーフエは甘みがあり、フエとはまた違う味。未だに当時食べた味が忘れられないまま。自分の店で、その辛さを再現している。

コムアンフーは直訳すると、「お化けご飯」。同名のお店がかつて、墓場の近くにあったから、とか、とても暗い場所にあったから、とか、諸説ある。この店の名物に「コム・タップ・カム」という料理があり、いろいろな材料がご飯の上に乗っているのだが、フエから都会に行った人がその味を忘れられず、ホーチミン市で再現されているのだそう。この料理、バリエーションを食べているが、なぜか本家には何度も振られ（行先を間違えたり、お休みだったり）、まだ未食。まさに自分たちにとって幻の「お化けご飯」なのだった。

コム・タップ・カム
Cơm Thập Cẩm
コムはご飯。タップカムは、五目、いろいろ混ぜ、みたいな意味。

南北統一鉄道の旅 ダイジェスト

片道3時間弱の旅の様子

ダナン駅

切符売り場

チケット

❶ブルーと赤のツートンカラーがおしゃれ❷ダナンとフエの境にあるハイヴァン峠❸お弁当販売。この他、ドリンク売りなども来た❹温かいスープつき。メインは3種類から選べた

フエ駅。帰りは夜便で

❺駅のホームの売店。お土産とか、お弁当とか、いろいろ買える❻帰りは寝台列車で。下の段の方をセレクト❼帰りの列車で販売に来たバンヨー（Bánh giò：お餅料理）

ブン・ボー・フエ&コム・アン・フー

「幻の味」はこんな料理

Bún Bò Huế

❶15年前にフエで食べた激辛ブンボーフエ。見た目は全然辛そうに見えないが、これで実はかなり辛い。牛肉や牛骨ベースのスープもコクがあった❷店頭に屋台を組んで麺を作るのは、ベトナムのお店でよく見かける風景

Cơm Âm Phủ

フエのコムアンフーの「コムタップカム」(写真：Shiro)。この料理(元祖)が、ベトナム各地で変化して、「コムアンフー」と呼ばれるように

★ Cơm Âm Phủ
(コムアンフー)
51Nguyễn Thái Học, Tp. Huế

Huế
フエ

しじみ島に行ってきた コム・ヘン

Cơm hến

フエの名物料理の中でも異彩を放つのが、この料理だと思う。コムは、ご飯、ヘンはしじみ。しじみご飯だ。名前だけだとわかりにくいが、結構いろいろな味が多重層的に折り重なる、他にない味のご飯だ。といってもフエでは日常食。普通の人が朝ご飯などに食べるのだが、結構作り方が独特。同様に日本で再現するのがかなりむずかしい料理なのだ。

というのは、タイトルに書いた、通称「しじみ島」に秘密がある。

フエに流れるフォン川には中州があり、コン・ヘンと呼ばれている。このエリアは良質のしじみが獲れる水質で、早朝からこのしじみ島では、獲れたてのしじみを大量にゆでる。ゆでたてのしじみは、新鮮なので、ざるでゆすると殻と身が分離する。その身とスープを、別々に分けてコムヘン屋さんに売る。

大きな釜で大量にゆでられるしじみが頭の中に浮かんだが、ここはベトナム。結構手作業で行われているらしい。

前回フエに行ったときは、しじみ島の場所もよくわからなかった。今回フエに行ったら、ぜひ、行きたい。しじみ島を見たくてフエに行ったといっても過言ではなかった。

ホテルもしじみ島近くにとり、旅情報誌で見たレンタサイクルを借りる予定が、甘かっ

フォン川（香江）
sông Hương

コン・ヘン
cồn Hến

た！　情報誌の地図にあった新市街のレンタサイクル店は、全滅。なくなっていた。タクシーで近くまで向かうことに。

細い橋を渡ると、その先が島。小さな島だが、歩いて回るとそれなりに広い。観光客らしい人は誰もいない。ヘムと呼ばれる細い道がたくさんあり、私たち２人はとても怪しい。でも、島の人は誰も嫌な顔をしない。路地を進むのを躊躇していても、どうぞ、というように指さしてくれたり。親切だった。

Shiroさんからも情報をもらっていたのだが、その場所はあいにくこの日は店じまい。結局しじみをゆでる現場を見ることができなかったのだが、１軒のお宅で話を聞くことができた。かわいらしい20代くらいの女性がいて、英語ができるという。作業について教えてくれた。

「うちは毎朝3時くらいからしじみをゆでます。明日3時に来てくれたら、ゆでているところを見せてあげますよ」。うわ……。

１日寝込んだ余波から、今回のフエは１泊。今晩の汽車でダナンに帰らないといけない。次にフエに来たら、ぜひまた来ます、と話をして、結局そのまま帰ってきた。戻りの散歩道で、しじみ島内のコムヘン屋さんで１杯。それと、しじみ島に行く前の朝食に１杯。この日コムヘンを2杯食べているので、その様子は次ページに。

今回は、王宮のある旧市街にもゆっくり行けなかったし、当然ながら1泊2日のフエ旅はもったいなさすぎる。距離的にはダナンとホイアンが近いため、以前よりフエの露出度が減って来ているように思うが、最後の王朝グエンフエ王朝があった場所。独自の食べ物も多い場所なので、ぜひ、皆さんも、中部に行ったらフエにも行ってみて欲しい。

ヘム
Hẻm

しじみ島の様子＆島のコムヘン

静かな時間が流れていました♪

①この橋を渡ると、しじみ島へ♪②川辺からボートが出るみたい。のんびりとした時間が流れている③もっと細い道（ヘム）もあって、島の道は入り組んでいた④今回お話を聞いたおうち。しじみは薪で炊くのだそう。これを何度も何度も繰り返すと言っていた⑤奥がすぐに川になっている。しじみはここから運び込まれるそう⑥しじみ。とても小さい。臭みはなくおいしい⑦別のおうちで。薪が炊かれていた⑧この日は特別な日らしく、フエ中心部でもこうしたお供えをたくさん見かけた。仏教行事？⑨お線香⑩他のうちで。バインナム（Bánh Nậm：海老すり身入りの餅）を作っていた。販売するのだそう

しじみ島のコムヘン屋さん

Cơm hến

❶お店の看板犬❷「うちは島で一番おいしいのよ」とオーナーさん。どちらも1万ドンだった（約50円）❸味のついたしじみ汁❹チャオヘン（おかゆ）もチョイス

★ Cơm Hến Hoa Đông
（コム・ヘン・ホア・ドン）
64Kiệt 7 Ưng Bình,
Tp. Huế

❺たれはマムトムと自家製のかなり辛いオイル❻トッピングいろいろ。並び方がとてもかわいい！ かなりなくなっていた❼外観。看板には日本語も❽店の中で作っている❾ドリンクコーナーもキュート

★ Quán Nhỏ（クアン・ニョー）
28 Phạm Hồng Thái,
Tp. Huế

新市街のコムヘン屋さん

コムヘン（左）と、ブンヘン（右・麺）とタレ。まさかのコムヘンのスープ撮り忘れ（汗）。トッピングには豚の皮を揚げたもの、ピーナッツ、香菜、ミント、もやしなどさまざまなものがのる

Huế
フエ

この地ならではの独特な料理が多い
フエならではの名物&中部の名物

古都フエ。王宮とその他の遺跡群は、ベトナムで一番最初に世界遺産に登録されたところ。ベトナム語は地域によって言葉が違うが、北のベトナム人も、南のベトナム人も、フエ語はまた違う、とよく言う。ちょっと独特の感じだが、「発音はかわいい」のだそうだ。

王宮があったことから、独自の食文化が生まれた側面もあるようだ。

特筆すべきなのは、粉もの類の多さ。バイン（Bánh）というのが、粉ものやおやつを指す言葉だが、バインがつく料理がたくさんある。粉もの料理専門店も何軒もある。今回は、1992年創業のお店で代表的なものをいくつか食べてきた。

ベトナムの粉もの料理は、主に米粉やもち米粉、タピオカ粉が使われていて、小麦粉で作るものは少ない。結果、プルプル、つるりとした食感で、米を主食とする日本人の口には本当によく合う。

国民の80％が仏教徒というベトナム。旧暦の1日と15日には精進料理を食べる習慣がある（アン・チャイ）。各地にコム・チャイと呼ばれる精進料理レストランが多くあり、屋台のアンチャイまであるが、フエは特に精進料理店が多い。精進といっても、しっかり味がして、ボリュームもある。

アン・チャイの日
Ăn Chay

コム・チャイ
cơm chay

ベトナムスイーツのチェー。よくフエのチェーはちょっと違う、といわれる。今回、写真があまりなく、一部のお店の紹介になるが、他の地域と比べても使っている食材のバリエーションが多く、彩りもとてもきれい。変わったものでは、豚肉を入れた団子のチェーのような他地域では見かけないチェーもある。市場にもチェー屋さんはあるので、ぜひ食べてみてもらいたい。

フエを含む中部の名物に、ネム・ルイとバイン・コアイがある。ネムルイは、レモングラスの茎に、味付けされた豚ひき肉のつくねが巻かれている。これを焼いて、ハーブや野菜と一緒にライスペーパーで巻き、たれをつけながら食べるものだ。

バインコアイは小さなバインセオ。バインセオは、南部で食べられる粉もの料理だが（169ページ）、中部では小さなサイズになっていて、皮も少し違う。そして、南部とはタレも違うし、さらに葉ものやハーブ類だけでなく、ライスペーパーで巻くという違いも。同じような料理も、ところ変わると全然違う。ベトナムはまだまだ奥が深いなと思う。

フエで一番大きな市場は旧市街にある。ドンバー市場だ。フエはなぜかベトナムの他地域と比べ、激辛料理が多いのも特徴だが、「王宮があったから、いろいろな民族が入ってきている影響」「冬は寒くて土地が厳しいから辛い物を食べて頑張る」「フエの前にチャム族の王国があった。その時から辛い」など。諸説あって、理由がはっきりひとつに絞れない。いずれにしても、辛い料理があるのは確かで、市場に行くと、フエ特有の調味料が並んでいて興味深い。ハノイやホーチミン市では、こんなに真っ赤な調味料は並ばない。まさに圧巻！　フエは本当に奥が深い。

ネム・ルイ
Nem Lụi

バイン・コアイ
Bánh khoái

バイン・コアイについて

実は数年前のある日、オーセンティックでお客様に、バインセオを包むライスペーパーは？　と聞かれてとても驚いたことがある。その時に初めて、中部の食べ方を知ったのだった。最初に中部を旅した方は当たり前に思うかもしれないが、南しか知らないと、かなりビックリする食べ方だ。

フエで食べたい料理

この地域ならではの珍しい料理が!

バイン・ベオ (Bánh Bèo)
お皿の上に蒸した薄い生地があり、海老でんぶ、豚皮が乗っている。たれをかけ、スプーンですくい、半分に折って食べる

バイン・ザム・イッ (Bánh ram ít)
揚げ餅の上に小海老入りの蒸した餅が乗った料理

かじった断面

Bánh Bèo

Bánh ram ít

バイン類

Chả tôm

チャー・トム (Chả tôm)
海老のすり身入りのケーキみたいなもの

メニュー

❶バイン・ウオット (Bánh ướt)。フエ版蒸し春巻き。中に海老入り❷こういう形状で出てきたものが2つある❸バイン・ナム (Bánh nậm)。米粉＋タピオカ粉で作った薄い生地の上に、海老でんぶと豚肉でんぶをのせて葉 (バナナの葉?) で包み、蒸した料理❹バイン・ボ・ロック (Bánh bột lọc)。こちらは生地の中に海老が入っている。葉にのせて蒸したもの❺店の外観。1992年創業

地元の家族連れにも人気。ベトナム人のお客さんが多かった

★ Hương Cung An Định
（フォン・クアン・ディン）
31 Kiệt 177 Phan Dinh Phùng,
Tp. Huế

ネムルイとバインコアイ

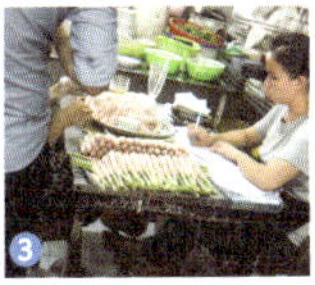

❶ネムルイ。下にあるのはライスペーパー。中部特有のピーナッツダレがよく合う❷こちらがバインコアイ。ネムルイについてきたライスペーパーを使用。やわらかいライスペーパーで、水につけなくてもきれいに巻けた❸ネムルイなど、お店の奥のスペースで自家製で仕込みをしていた❹外観

★ Bánh Khoái Hạnh
（バインコアイ・ハン）
11 Phó Đức Chính, Tp.Huế

精進料理店

❶コム・ディア（Cơm Dĩa：定食セット）を注文。これでなんと1万8000ドン（90円）❷お寺が経営する精進料理レストラン。昼も夜も混み合うが、店内も広い❸店内は寺社を思わせる重厚な雰囲気。レジには仏像も置かれていた

★ Liên Hoa（リエンホア）
3 Lê Quý Đôn, Tp.Huế

チェー

❶チェー・タップカム（Chè thập cẩm：五目チェー：右）とチェー・チャイコイ（Chè trái cây：フルーツチェー）を注文。お目当ての「Chè bột lọc heo quay」（豚肉入り団子のチェー）は品切れだった❷メニュー。全部1万ドンだった❸名前通り、路地裏に佇む人気店

★ Chè Hẻm（チェー・ヘム）
Số1 Kiệt29 Hùng Vương, Tp. Huế

Chợ Đông Ba

ドンバー市場

❶外観❷辛い調味料がいっぱい！❸右奥の紫色は海老の発酵調味料系❹ノンラー（傘）もたくさん販売されていた

別のチェー屋さん

教えてもらって食べに行った屋台のチェー屋さん。オープン前で、自宅で仕込んでいたものを見せてもらってパチリ♪　食べたかったな……

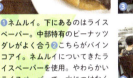

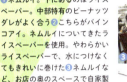

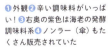

ここでちょっとフエについて
フエの歴史と宮廷料理

今回、フエの宮廷料理も食べる予定だったが、お目当ての店が改装中。また、フォンザンホテルという宮廷料理を食べられるホテルに宿泊したのだが、今ひとつ詳細が不明すぎ、こちらもやめることにした。

さて、最後のグェン（阮）王朝があったフエ。当時の王宮では30～40もの料理を少しずつ食べたという話もあり、ひとつひとつのポーションは小さく、バランスがよかったという話も見聞する。

ただ、最後の王朝が終焉を迎えたのが1945年。その後ベトナム戦争も勃発し、王宮には今も、当時の銃痕が残っていたりする。破壊をまぬがれるための世界遺産登録だったという話も聞いたことがある。

こんな状況だったので、当時の宮廷料理、実は詳細は残っていない。現在フエで食べられる宮廷料理は、一度途絶えてしまったものを復活させたものだという。

15年前、初めてフエを訪れたとき、それでも気になって宮廷料理を食べてみた。行ったお店は「ティン・ザー・ビエン」。情報誌に「この店の店主は王族の血を引く」と書いてあり、ディナーを食べに行った。

ベトナムの高級店のディナータイムは、暗いことが多い。当時はまだデジカメも普及し

泊まったホテルと部屋からの眺め。

ておらず、フィルムカメラで撮った写真はストロボもなく、ブレブレ。ひとつひとつ、丁寧な細工が施されている料理が続いたのを、懐かしく思い出す。お店は池が配置された庭園を持つ1軒家で、タクシーを降りてからちょっと迷って店に着いた。

そんな写真なので、カラーで出すには忍びないが、モノクロなら、まぁ、何とかなるかな？　ということで、15年前に食べた料理から抜粋したい。今でもお店は健在で、料理の様子も変わっていないようだ。

フエの宮廷料理

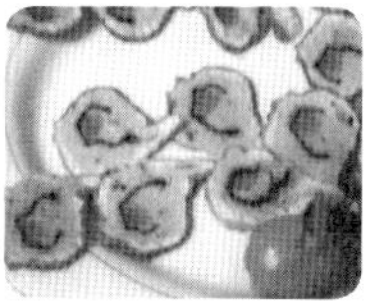

鳳凰の形をした盛り付けで出てくるパテ。羽の部分がパテになっていて、周りは薄焼き卵で囲まれていた

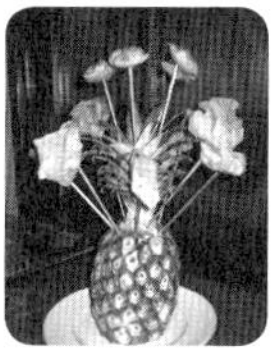

パイナップルの中には灯がともり、ライトアップされていた。刺さっていたのは揚げワンタン

鶏の上にフエの揚げ春巻きが刺さっている。さくさくと軽い食感だったのを覚えている

おおぶりの海老の蒸しもの

亀の形のフエ風炒飯

★ Tịnh Gia Viên Restaurant（ティン・ザー・ビエン）
7K /28Lê Thánh Tôn, Tp. Huế

宮廷料理を食べるための場所とメニュー。ここのホテルは、王宮風の服を着せてもらい、宮廷音楽を聴きながら食べることができるはず。日程もおしていたため、結局未確認。

旧市街の城壁。王宮やフエ市内各地に点在する歴史的建造物も見ごたえがある。宮廷茶や、ミンマン皇帝酒など、特産のお茶やお酒もあり、お土産にもおすすめだ。

085.MA
034MA

Hội An

夜のトゥボン川の様子。灯篭流しも毎日行われている

Hội An
ホイアン

ベトナムきっての貿易都市
今は観光地として大人気

「ホイアン。ランタン祭りの日は、原宿の竹下通り並みの混雑になっていますよ」。度肝を抜かれた、お客様からのこんな話……。中部旅は、前述したように2度目。15年前に訪れた際、ホイアンは長閑な街だった。世界遺産登録され、街並み保存がされている中心部は車の進入禁止。道路の舗装がされていない場所も多く、自転車の往来も多い。疲れたらトゥボン川前に座り、悠久の歴史に思いを馳せ、川が流れるのをぼんやりと見ていた。

その悠久の歴史。ホイアンが貿易港として栄えたのは、遠くチャンパ王国の時代から。その後チャンパ王国は南下。17世紀にフエにグエン王朝が建立されると、ホイアンはその外港になった。どうも、ホイアンという名前も、グエン王朝以降の名前らしい。

ホイアンの街は、日本との関わりも深い。16世紀以降、日本人も来航するようになり、日本人街が形成された。江戸時代には朱印船貿易も行われ、鎖国になるまでの約30年に71隻の朱印船が入港。渡航は130回を超えたという記録も残る。

当時、ベトナムはまだ漢字の時代。ベトナム中部は安南（あんなん）と呼ばれていた（ホイアンは会安）。

朱印船貿易で江戸幕府が持ち帰ったものと

トゥボン川
Thu Bồn（秋盆）

朱印船貿易の終了
徳川幕府が日本人の海外渡航を禁止したのは、1635年。

日本とベトナムの朱印船貿易
国立公文書館に当時の書簡が残されている。「ホイアン博物館」にも日本との貿易の様子が展示されている。歴史好きな方はぜひ！

来遠橋（日本橋）
Lai Viễn Kiều
1719年に広南国王の阮福凋が、有名な論語、「朋あり遠方より来たる、また楽しからずや」から名付けして知られるのが、「安南焼き（バッチャン焼き）」や「香木（沈香）」など。安南焼きは焼くときに独特の貫入が入るが、これが侘び寂びに繋がると茶道で珍重された。かの千利休や、幕府も求めたという逸話があり、日本の美術館に所蔵されているものもある。

日本人町には当時1000人ほどの日本人が住んでいたとされる。鎖国後も数十年は住んでいたようで、今なお日本人の墓がホイアンに残るという。日本人がホイアンにもたらしたとされるのが、「来遠橋（らいえんばし）」。「日本橋」ともいう。屋根があり内部に祠がある石橋で「橋寺」という呼び方も。1953年に建てられたとされ、ベトナムの2万ドン紙幣にも使われている。当時、片側に日本人街、渡った先に中国人街があった。内部の祠には、犬と猿の像がある。猿の年に作り始め、戌の年に完成したからと言われる。

ホイアン旧市街には、当時の栄華を伝える建築物が多数残る。中国様式の建物は、中国からの貿易商人によるもの。黄色い色はフランス統治下に塗られた色だという。今は満月の夜は中心部の明かりを全部消し、ランタンの明かりも少なくなる満月祭りが行われ、より幻想的になる。

その風景が話題となり、冒頭のお客様のひとこと、のような状況になっている。

旧市街は現在チケット制になっていた。歴史的な保存家屋は、チケットが必要で、かつ、世界遺産エリアに入る際にもチケットブックが必要になっている（入口は提示のみ）。2018年現在、5枚つづりで12万ドン。

私たちは残念ながら、満月の日にはまだ行かれていない。ランタンは少ないが幻想的だそう。21世紀現在、ホイアンはベトナム随一の観光都市として、栄華を極めている。

たとされる。

来遠橋。18:00 ~ 22:00くらいまでライトアップされる。

祭られている戌と猿。日本と中国人が犬猿の仲？という俗説も（でも、どっちも猿??）。

橋寺
Chùa Cầu
（チュア・チャウ）

ホイアンといったら
やっぱり!

三大名物料理＋1

王道のホイアン名物をご紹介
まずはこれ、ですよね!?

Cao Lầu
カオ・ラウ

❶カオラウ。麺が太くてザラザラしている。別皿でハーブ類がつく店もある❷店内❸中部のビール「ラルー」。東南アジア一古いビールと聞いている❹外観

★ Không Gian Xanh
（コン・ジャン・サン）
687Hai Bà Trưng,Tp.Hội An

バーレー井戸

チャム族が掘った井戸とされる。今でもホイアンの人にとって特別な井戸だ。

Ba Le Wall

❶上は苔むして見えるが、今なお、こんこんと湧いているという❷お供えが置かれていた❸看板ができていた

★ Giếng Bá Lễ（ジェン・バー・レー）
45Trần Hưng Đạo,Tp.Hội An

ホワイト・ローズ White Rose

❶ふるふると独特ののどごし。具は海老のすり身。トッピングはフライドオニオン。いくつでも食べたくなる❷奥でどんどん作成中

★ White Rose（Bông Hồng Trắng）（ホワイトローズ）
533Hai Bà Trưng,P.Cẩm Phổ,Tp.Hội An

★ Nhà Cổ Quân Thắng
（ニャー・コー・クアン・タン）
77Trần Phú,Tp.Hội An

❶こちらがホワイトローズ。食べられてラッキーだった❷何と歴史的建造物の１つ（入場券必要）。Shiroさんに教えてもらったお店❸女将さんが仕込み中。実はこのお店、White Roseの長女の方の店。卸し中心で不定営業だそう

コム・ガー・ホイアン

★ Cơm Gà Bà Buội
（コムガー・バー・ブオイ）
22Phan Chu Trinh,
Tp.Hội An

❶ゆで鶏、内臓類、蒸し鶏の裂いたものなどトリプルで肉が乗る。薄切り玉ねぎやラウ・ラム（95ページ）もアクセント。なますをのせて、混ぜてどうぞ！❷大人気でしばらく待つことに

揚げワンタン

今回は「ホワイトローズ」で食べた。カリカリの皮がおいしい。ボリューム満点だが上品な味

ホイアン三大名物＋1

この土地ならではの珍しい品揃い

今や世界的に有名な観光地ホイアン。人口20万人足らずというから驚きだが、小さな街に世界中から観光客が押し寄せている。美しい風景ももちろんだが、この土地にしかない、珍しい名物料理も観光客のお目当てだ。

まず「カオラウ」。ベトナム料理の中でもかなり異彩を放つ麺が特徴。一番驚くのは麺のコシが強いこと。かたゆでだ。そして表面がざらざらしている。カオラウは、混ぜ麺。ドンブリの底に香り醤油ベースのタレが入っていて、麺の上には、豚肉のチャーシュー、レタス類、もやし、揚げワンタンの皮（カリカリに揚げたおせんべい？）などが入っている。麺を底から裏返すように全体を混ぜ、底に溜まったタレをよく絡めながら食べる。カオラウは、江戸時代に伊勢から来た町人が持ち込んだのが由来というのが日本ではポピュラーになっているが、中国伝来説もある。詳細はまだ謎のままだ。

「ホワイトローズ」は、中央に海老の餡が入った蒸し餃子のようなもの。盛り付けたときに見た目がバラの花びらのようだとこの名がついた。ホイアンのいろいろなレストランで食べられるが、作っているのは3軒ほど。他の店はそれを購入しているという。

この2つの料理、ホイアンにある「バー

レー井戸」の水でしか作れないとされている。（今では、この水以外で作っているところもあるらしいが、あまりおいしくないという話も）。バーレー井戸には、15年前にも行ったが、当時はひっそりと存在していた。今は看板もあってわかりやすい。前に日本で水質を調べた人がいて、通常の水と比べ、ミョウバンの成分がかなり強いと聞いた。今でもホイアンのホテルやカフェなど各地でこの水は使われ、4年前には、長年配達している人がベトナムのギネスブックに認定されたというニュースも読んだ。

3つめは「揚げワンタン」。カリカリに揚げたワンタンの上に、海老や豚肉などが乗っている。ワンタンの皮の中に餡が入っているものや、トマトチリソースがかかっているなど、お店によってバリエーションがある。食べ比べてみるのもおすすめだ。

以上が、かつてから言われていたホイアン三大名物だが、近年はここに「ホイアン式コムガー」と、ホイアンの「ミークアン」を加え、五大名物、と言われることも増えた。

ホイアン式コムガーは、黄色い。内臓なども一緒に炊きこまれ、黄色の正体はベトナムでよく使われるターメリック。今回1955年創業の老舗コムガー屋さんで食べたが、夜は大行列。奥で材料を盛り付けていたのだが、とてもそこまで辿り着けず、撮影は断念。別皿で、もやしやなます、香菜入りのスープもついていて、もやしやなますは、トッピングして混ぜながら食べてもおいしい。

今回はホイアンには泊まらず、2日に分けてダナンから通った。ミークアンは食べられていないが、ホイアンのあるクアンナム省の名物なので、胃袋に余裕がある方は、ぜひこちらも食べ歩き候補に加えてほしい。

ターメリック
（Cù nghệ: クー・ンゲー）
和名うこん。ベトナムでは生姜状の生を使うのがデフォルト。

おすすめカフェ&レストラン

素敵なお店はたくさん！
これはほんの一例です

Reaching Out Tea House
リーチング・アウト・ティー・ハウス

お店も調度品も、出されるドリンクも、何もかもが素晴らしく、うっとりする店。聴覚障害を持つスタッフが多く、身振りや自分で書ける伝票などで対応。BGMもなく、心からくつろげる。❶注文したドリンクやデザート類。盛り付けも素敵❷店内の様子。随所にこだわりが❸裏にある系列店で調度品を販売している。店内でも一部販売されている❹中庭も落ち着いた雰囲気❺こちらの用紙や道具で注文する

★ Reaching Out Tea House
（リーチング・アウト・ティー・ハウス）
131 Trần Phú, Tp.Hội An

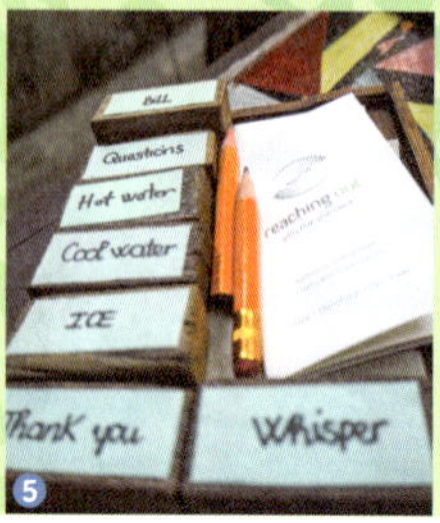

ココ・ボックス COCOBOX

旧市街に数軒ある❶写真は日本橋近くの店❷オーガニックのジュース。種類が多く迷う❸２階席も素敵❹お土産もある

★ COCOBOX（ココ・ボックス）
03Châu Thượng Văn, Tp. Hội An

Thanh Phương タイン・フォーン

❶ホイアン名物が揃っていて味もよい店。冷房もある❷２階のテラス席からの景色が最高❸フエなど中部名物のチャオ・トム（Chạo tôm）。海老のすり身をレモングラスに巻いたもの❹サービスにお茶とお菓子を出してくれた

★ Thanh Phương（タイン・フォーン）
29Nguyễn Phúc Chu, Tp. Hội An

snap! snap!

❶33ページで紹介した「Home」のホイアン店。インスタ映えもする（と思う）❷ホイアンのヘム（細い路地）❸マンゴータルトがおいしい「The Cago Club」は今も盛況❹フュージョンベトナミーズの「Nu Eatery（ヌ・イータリー）」は予約必須❺ランタン

Hội An
ホイアン

のんびりくつろぎたい おしゃれカフェ&レストラン

歴史的背景からもわかるように、ホイアンの街は、西欧と東洋が融合したような、独特な雰囲気を醸し出している。そして、もともとベトナムの街は、ホイアンに限らず、古いものを上手にリノベしている建物が数多くある。ホイアンの街は、その集大成、という言い方もできると思う。お店のデザインのみならず、レストランやカフェのメニューには、オーガニック素材を使うなど、食材にこだわった店も多い。おしゃれな建物だけでなく、食べられる料理のレベルもハイセンス。才色兼備、みたいな街なのだ。

最後に、そんな中から、おすすめのお店の一部をご紹介してみた。今回は中心部のみになっているが、ホイアン郊外にはオーガニック畑を持つ農園レストランがあったり、ゆったりくつろげる高級レストランも多い。ホイアンの街は、川だけでなく海からも近いので、海鮮料理の名店もある。

歴史的な古い建物を改造したホテルや、ゲストハウス、近代的なリゾートホテルまで泊まれる場所もＴＰＯで選べるため、ゆっくり何泊か滞在できると、いろいろなお店を食べ歩くことができておすすめだ。

現在ホイアンに向かうツアーも多いが大抵は午後以降に到着する。午前中からホイアン

ホイアン市場

にいると、午後以降の賑やかな街ではなく、静かでひっそりとした昔ながらの長閑な風景に出会うことができると思う。

　滞在するにあたって、何点か注意点がある。まず、水際なので、季節によっては蚊が多い。刺されやすい方は、虫よけスプレーなど忘れないように。町並み保存の観点から、冷房のあるお店はほんの少し。大抵の店は扇風機や自然の風のみなので、暑さに弱い方は要注意だ（ときどきネットでクレームを書いている方を見かけるので、敢えて書いておく。１００年をゆうに超える、古い建物の横にエアコンの室外機がついていたら、やっぱり興ざめすると思う）。

　今回載せられなかったが、旧市街入り口にはホイアン市場もある。そこはベトナムの市場。生鮮品は一通り売られていて、とても活気がある。場所柄お土産物店も多い。土産物はお店によって値段に開きがあるので、よく確認して買うようにしたい。

　市場内には食堂棟もあって、いろいろな名物を手軽に食べることができる。

　夕方になると、トゥボン川では、灯篭流しも行われている。1万ドン（約50円）くらいの手作りの灯篭が売られていて、川べりにいるとベトナム人のおばちゃんに、どんどん声を掛けられる。川べりから船に乗り、しばし船遊びを楽しむこともできる。

　夜には対岸のアンホイ島でナイトマーケットも開催される（18：00～23：00頃）ちょっとした買い食いが楽しめる屋台もいろいろ出ていて、お腹いっぱいでも見ているだけでかなり楽しめる。私たちはついつい長居して、ダナンまで帰るタクシーをなかなか見つけられず、ヒヤヒヤした。

　自力で行動する方は、ご注意を。

灯篭売りのおばちゃん

ナイトマーケットで売られていた薬膳茶

Chợ Đà Lạt

まずは市場へGO！

屋台もナイトマーケットも！
かなり楽しめるワンダーランド♪

トマト

ドリアン

市場内。２階の吹き抜けからパチリ

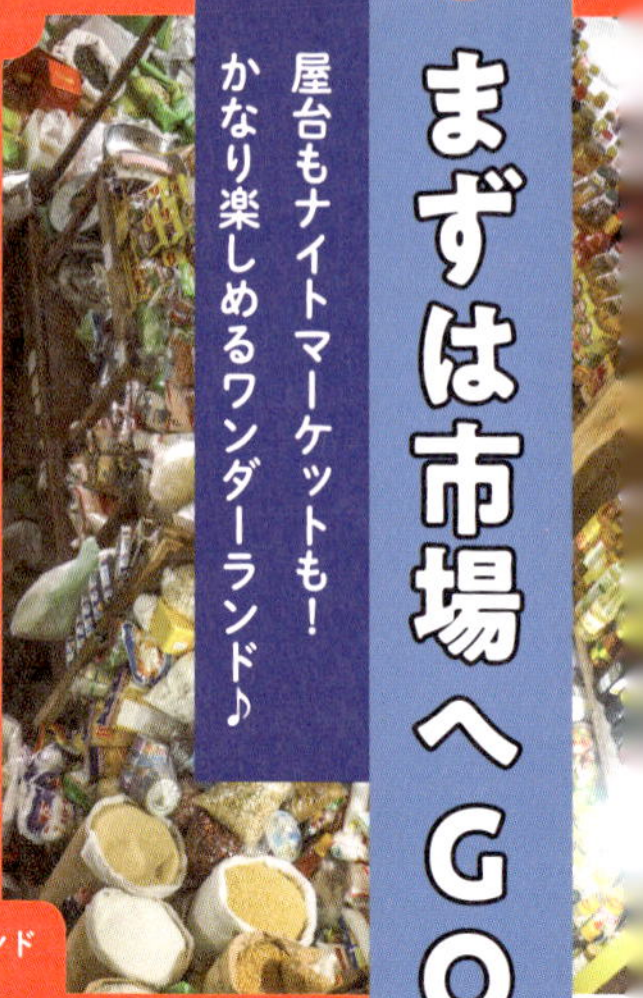

干し柿。ベトナムでは上から潰して干すらしい

ダラットのブランドピーマンは肉厚

市場の野菜＆フルーツの一部
ベトナム人は並べるのが大好き

いちご

下処理中

アーティチョーク。アーティチョーク茶もダラットの名物

パイナップル。皮がきれいにむかれているものも

フルーツシロップ

ベリー類も

市場の屋台&ナイトマーケットの様子

バナナのキャラメル煮

カニスープ、おこわなど

暗くなると人も増える

チーズヨーグルトとベトナムプリン（ダラットだと、KEM FLAN（ケム・フラン）になるらしい）

★ケムフラン：
ベトナム各地にあるベトナムプリン。北の呼び方は「ケム・カラメン」、南は「バイン・フラン」

野外テーブル

ダラット風バーベキュー

ニャチャン名物バインカンもあった

屋台食堂（コムビンザン）

パン屋さん

8月末です（笑）。実際にはここまで寒くないので、足元は意外と軽装

練乳いちご

チーズ入り揚げドーナツ

Đà Lạt
ダラット

ベトナム人の人気新婚旅行先
ダラット高原とは!?

　ダラット高原。作家の林芙美子さんの『浮雲』の舞台になったところ。フランス統治下に、北部サパと同様、フランス人の避暑地として開発された場所なので、ヴィラ風のおしゃれな建物が並んでいる。気候的には良質の高原野菜が獲れるエリアで、最近では日本人の方が農業指導に行かれている話も、メディアで目にする。涼しい場所なので、最近では、ホーチミン市辺りに住むベトナム人の、新婚旅行先としても人気がある。

　日本だと、軽井沢みたいなところ。1980年代くらいから、ワインの生産も始まっている。ワインに適したブドウが獲れ、ワイナリーもあるのだ! 風光明媚な場所としても知られ、ベトナム好きな人にとっては憧れの場所のひとつでもある(と思う)。

　ただ、とりあえず、遠い。ホーチミン市から飛行機だと50分。バスだと7時間。いつもの5日旅の日程には組み込みにくく、今まで未訪だった。でも、本にどうしても入れたい場所。もちろん、行きますとも!

　今回旅したのは、2018年8月29日から2泊。ホーチミン市からバスで移動し、ダラットからカントーまで、バスで移動することにした。とにかく、ダラットは寒いかもしれない。8月だけれど、薄いダウンを1人2

ダラット行きのバス
通常の長距離バスは、ホーチミン市のミエンドンバスターミナルから出ている。7時間。今回スケジュール的に失敗している。ニャチャンからだとバスで3時間とホーチミン市からの半分以下だ。

ミエンドン・バスターミナル
Bến xe Miền Đông
(ベン・セー・ミエンドン)

ダラットの寒さ
2018年の場合、ダラットに8月末、北部サパに10月半ばに行ったが、ダラットの方が寒かった(標高はほぼ同じ)。防寒対策をぜひ!(市場でも販売してい枚ずつ荷物に入れた。

今回は、ホーチミン市のデタム（安宿街）から出るＦＵＴＡバスの寝台バスを利用。ダラットのバスターミナルは中心地から離れているが、運転手に泊まるホテルを告げると、ミニバスで現地まで連れて行ってくれる。

ダラットには湖が点在し、美しい景観が広がる。避暑に使いたいリゾートホテルもあるが、食べるのが目的なので中心部のホテルへ。ダラット市場の前にあるホテルを予約した。

ところでダラットは坂が多く、階段も多い。標高１４００〜１５００ｍ。市場をグルっと囲うように周りは丘になっていて泊まったホテルからは結構な階段を往来することになる。

まずはダラット市場へ。市場手前はかなり広く、さまざまな屋台が並んでいる。ダラットといえば、アボカド、アーティチョーク、いちご、高原野菜などの産地として知られる。昼間にまず目立つのが、「シントー（Sinh Tố）」の屋台だ。シントーはベトナム語でビタミンの意味。ベトナム流スムージーという感じだが、ここでは絶対に、ダラット名物のアボカドを使う「シントー・ボー（Sinh Tố Bơ）」が一番人気。私も大好きなので、ダラットでは何杯も飲みますよ〜。ダラットのアボカドは大きい！パパイヤみたいなサイズでゴロゴロ置かれていて、迫力満点。食べ応えもありそうだ！

新顔シントーは、いちごのシントー「シントー・ダウ（Sinh tố dâu）」。もともとベトナムでは、おいしいいちごがあまり獲れていなかったが、最近ではダラットで良質のいちごが獲れるように。いちご狩りツアーも。

「豆乳」の屋台も多い。湯気が立つホカホカの豆乳だ。市場に並ぶ野菜や食べものを眺めていると、すっかり冷え込んできた。寒い!!

るけれどもね）。

日本人旅行者に人気のＦＵＴＡ（フンチャン）バス。ベトナムのバスではかなり清潔。長距離移動は寝台バスが便利。

ダラット行き♪　休憩時はこの番号を忘れずに！（同じ行き先のバスが何台もいたりする）。

市場名物「バン・チャン・ヌン」

屋台がたくさん出ていて楽しい！

食べたのはこの店（人が多かったので）

Bánh tráng nướng 作り方

①炭火焼きの網の上にライスペーパーをのせ、具材ものせる②卵を割り落し、手早く混ぜる③チリソースをかけて、三つ折りにする④紙を巻いて完成！

かじってみた。クリスピーな感じ、わかりますか？

コレクション

こちらは、サッカーU23バージョン（この日試合でした）

おしゃれなデザイン（ディスプレイ用）のものも多い

他のお店の様子

マヨネーズがかかっていた

スタンバイ中

絶品豆乳やさん

ベトナムの豆乳、一味違います

Sữa Đậu

★ Sữa Đậu Nành（スア・ダウ・ナー）
64Tăng Bạt Hổ, Tp. Đà Lạt

メニュー。英語、中国語も書いてあってわかりやすい

アツアツを注いでくれる。手前のパンもおいしそう…

左が豆乳、右がピーナッツミルク

手前から、豆乳、緑豆豆乳、ピーナッツミルク。豆乳にはラーユア（Lá Dứa）の葉が入っていた。Lá Dứa：パンダンリーフ。ベトナムの緑色のお菓子の色づけはこれ。独特の甘い香りがある

Đà Lạt
ダラット

市場の名物料理
バン・チャン・ヌン
Bánh tráng nướng

ダラットの名物といえば、まず忘れてならないのは「バン・チャン・ヌン」。これ、ライスペーパーのピザ、みたいなもの。初めて食べたのは数年前のホーチミン市だった。

グエンフエ通りに炭火の屋台がたくさん出ていて、最初はホーチミン市の新名物だと思った。でも、そうじゃなくて、本場はダラットだという。現地のナイトマーケットにありました。バンチャンヌンの屋台だらけ！

作り方を簡単に書くと、炭火を起こし、網をのせ、その上にライスペーパーをのせる。具材をライスペーパーにまんべんなくのせ、卵を割り落して混ぜながら、全体を焼く。焼けたらチリソースなどをかけ、二つ折りにして、紙などに包んで、出来上がり。

もともとは肉のそぼろやでんぶ、小口切りにした小ねぎと卵をのせたシンプルなものだったが、最近ではバリエーション豊か。お店ごとにディスプレイをした見本が置いてあったりして、見ているだけで楽しい。

結構大ぶりなライスペーパーで、食べ応えがある。ライスペーパーで作るので、パリパリとした食感。ピザよりは軽い感じでビールにもよく合う。数年前に、一度店でも、イベントで出してみたことがあるが、人気だった。日本でも、おうちで作ったら受けると思う。

屋台カフェで アツアツ豆乳を

Sữa Đậu

市場でおいしい豆乳を飲んだ後、豆乳のはしごをしたくなった。近くにおいしそうな店があることを知り、さっそく移動。

ドリンクと、おいしそうなパンのお店だ。ダラットのパンは種類が多く、バインミーではない、いろいろな形のものも多い。ここダラットでは、豆乳とパンをセットで買って食べるものらしいが、あいにく、別の店で食事を済ませていてお腹がパンパン！　飲み物だけにした。ホット豆乳を、と思うと、大豆だけでなく、緑豆豆乳、そしてピーナッツミルク、黒ごまミルクもある。どれも砂糖入りが7000ドン、練乳だと1万ドン。豆乳と、ピーナッツミルクにして、もとの味がわかりやすいかなとなんとなく思い、どちらも砂糖入りをオーダー。

寒かったのもあって、アツアツの豆乳が染みること。濃厚で豆のうま味がすごい。1杯のドリンクがもたらしてくれる幸せ。お腹がいっぱいだったのに、胃袋の大切な部分に入っていくような味だった。でも、大失敗。パンも一緒に食べたら、絶対にさらに何倍もおいしかったはず。もし、ダラットに行ったら、この店に寄り、パン付きで食べてみてほしい。ベトナム人のほとんどのお客さんが、みんなその食べ方をしていたので！

おすすめの味&店まとめ

何軒か、ダイジェストでご紹介

Bánh Mì Xíu Mại

バインミーシウマイ

❶バインミーはひとり１本。ちぎって入れる❷シウマイ入りスープは、アツアツに煮込まれていた❸スパイシーな香り。❹タレはかなり辛いので少しずつ入れて❺本店❻こちらが離れ

★ Bánh Mì Xíu Mại - Hoàng Diệu
（バインミーシウマイ・ホアン・ディウ）
26Hoàng Diệu, Tp. Đà Lạt

Nhật Ly ニャットリー

❶アーティチョークと豚足の煮物。豚足が入るのがベトナムらしい❷揚げ鶏も名物。肉質がよい。半身から頼める

★ Nhật Ly（ニャットリー）
88Phan Đình Phùng, P. 2,Tp. Đà Lạt

リエンホア Liên Hoa

★ Liên Hoa（リエンホア）
15-17-19 Đường3 Tháng2, Tp.Đà Lạt

❶豚のパン。キュート♪❷シントー・ダウ(いちごのベトナムスムージー)❸1階がベーカリー、上はレストランになっていて食事もできる❹バインミーもあった

ケムボー

アボカド＋ココナッツアイス「ケムボー」はぜひ！

おしゃれレストラン

❶ダラット湖畔のおしゃれレストランで食べた鹿肉の青胡椒炒め。肉はやや硬めだったが美味❷こんなお店（店名メモ忘れ）

Đà Lạt
ダラット

ダラットで食べたもの
バイン・ミー・シウマイ
Bánh Mì Xíu Mại

ダラットの市場で、バインミーシウマイのお店をたくさん見かけた。シウマイは、おなじみ、シューマイのこと。ただ、ベトナムのシューマイはちょっと違う。皮がないのだ。要するに肉団子、というわけ。

バインミーシウマイ自体は、ホーチミン市でもときどき見かける。バインミーの具としてシウマイを挟んだ、贅沢な一品。

ところが、ダラットのシウマイは違った。煮汁に入っている。煮込んでいるものが、シウマイ。いつものことだが、わかりにくい。同じ名前だけれど、違う料理だ。これがどうも、ダラットスタイルらしい。

またまた友人のタム君にここは教えてもらった店。「絶対においしいと思います」ということで、朝出かけてみた。朝6〜9時まで。中塚にはハードル高し……。

ホテルからてくてく歩いて30分ほど。なるほど、小さな市場の近くだ。それで人気店で、朝で終わってしまうよう。無事に到着。古い趣ある家屋がお店だが、満席。うわぁと思っていると、フレンドリーな店主登場！

こっちこっちと手招きされると、こちらはビビットイエローなキュートなお店。一瞬ひるんだが、どうも同じ店のようだ。食べたものの解説は、１３２ページをどうぞ。

そして、他にも何軒か。市場近くのパン屋さん「リエンホア」。大きなパン屋さんで楽しめる。ここでは「シントーボー」と「シントーダウ」を注文。あと、最後の日にカントーへ向かう前のおやつパンも数点買いに行った。

ダラット名物の「アーティチョークと豚足の煮物」は老舗レストラン「ニャットリー」で。アーティチョークは鶏肉と煮込むバージョンを出すお店もあるようだが、探すことができなかった。

チェー屋さんもおいしいところが何軒もある。名物的には、アボカドが入ったものをぜひ！「ケム・ボー（Kem Bơ）」と呼ばれる、ココナッツアイス入りアボカドがあるが、これがおいしい。市場の2階にもチェー屋さんがあるので、そちらで食べても。

あと、市場でも他の場所でも、ダラットのヨーグルトは、ヨーグルト・ホマイ（Yaourt phô mai）だった。ホマイは、チーズのこと。ギリシャヨーグルトのように酸味が少なくとろりとしたヨーグルトに、ほのかにチーズの味が乗っている。4個ほど食べたが、その中では大きな違いがなかった。私は他の地域では見たことがない。1個7000ドン程度で売られているので手ごろだ。

食べたいと思っていた鹿肉は、ダラット湖畔にあったお店で食べた。ラオカイ省の馬のように、ダラットに行くと、「街中の看板に、ウサギやバンビが飛び跳ねていて、市場の肉売り場には、ウサギさんや鹿さんがど〜ん」なんだと思っていたが、そんなことはなく、探さないと見つからなかった。本当はどうなんだろう。どこかで鹿三昧しているの？これは次の旅のテーマにしたい。宿題が増えつつ、2泊のダラット旅は終わった。

海とそして、「ロシア語」と

ニャチャンFOREVER!
開放感満点のリゾート

Nha Trang

大聖堂前にいた、アイスクリーム売り

中心部からニャチャン川を渡った先にある「ポー・ナガル塔（タップ・バー）」。9世紀に建てられたという、チャンパ遺跡の寺院

1934年に建てられた「ニャチャン大聖堂」。見学もできる

リゾートエリアにはロシア語がいっぱい

海と椰子の木♪
南国リゾート♪

海。抜けるような青空と白い砂浜。ニャチャンビーチは5kmも続く

ニャチャン川に浮かぶ漁船。中部きっての漁獲高を誇る

公的建物にもランタンがいっぱい

ナイトマーケットのチェー屋さん

道端に伊勢海老。炭火焼き

中心地のフルーツ屋さん。看板がかわいらしい

ナイトマーケットで。ニャチャンのシクロは電飾ピカピカ

Nha Trang
ニャチャン

今でもやっぱり安定のベトナム王道リゾート

実は、ニャチャン、今回初訪問。17年前に一度行こうとした。ホーチミン市、ハノイと縦断する10日間の旅に行こうと考えた。当時、ベトナムのリゾートと言えば、まず、ニャチャンだった。旅情報は今よりかなり少なくて、女性誌に出ているニャチャンは、私には王道過ぎた（つまりホテルが、予算的に高級過ぎる）。で、日和ってファンティエットに行った。ベトナムに旅慣れていなくて、当時はまだ、旅行代理店に希望を言い、全部組んでもらっていた。その後、諸事情により行かないままでいたら、ダナンが一大リゾートになった。日本の雑誌も本も、昔のようには、ニャチャンを取り上げなくなった。

今回も実は取材旅の最後に加えた。適当に旅程を組むので、ついつい後回しになってしまった（しつこいが、ダラットと一緒の時に行くべきだった）。

そして、行ってきた結論。とても楽しかったし、よかった。なんでしょう？　幼なじみみたいな街。多分、昔と変わらず、街は活気に満ちていた。何となくさびれたのかな？と思っていたのだが、日本人が、あまり行かなくなっているだけかもしれない。

ニャチャンがリゾートになったのは、ダラットと同じくフランス統治時代。古くからリゾート地として人気だったのに加え、ベトナムがロシアと仲が良かったこともあり、昔からロシア人が多く訪れるリゾート地としても知られる。旅行で来て気に入ってしまい、そのまま住むようになった外国人も多いそうで、ビーチ近辺はかなりインターナショナル。一番ビックリしたのは、ロシア語の多さ。リゾートエリアの中心地は、英語と同じかそれ以上にロシア語が溢れている。

そして、各国レストランの数も多い。ロシア料理店、ギリシャ料理店、さらに北欧カフェまである。

今回ベトナム各地を旅していて、さらに驚いたことがある。私たちを見るとニャチャンのベトナム人はまず、「ニイハオ」次に、「アニョハセオ」という。「ジャパニーズ」というと、何度か通じなかった。この英語が通じなかったのはニャチャンだけだった。多分、日本人の旅行者が少ないのだろう。

ニャチャンには、おいしい名物もたくさんある。リゾートエリアは深夜遅くまで買い物ができるし食べる場所も開いている。

初めて行った私たちが言うのもなんだが、ぜひ、機会があったらニャチャンにも行ってみてほしい。

ホーチミン市からニャチャンまでの距離は約450km。飛行機だと1時間ほど。ガイドブックを見ると、バスで8時間とあるが、FUTAのバスだと11時間だった。南北統一鉄道の駅もあり、ホーチミン市から約7時間。

今回はさすがに、バスはやめて、ホーチミン市から飛行機で行き、その後ハノイへ向かって日本に戻るプランにした（ハノイまでは1時間45分）。長距離バスは夜行もあるので、ゆっくり時間がある方は、夜行バス旅もよいかもしれない。

ファンティエット
Phan Thiết
ホーチミン市から北へ250kmに位置するリゾート地。日和ったなんて書いているが、風光明媚なエリア。ムイネー（Mũi Né）漁港は、イカの一夜干しが有名。砂丘もある。ここも再訪したい。

カムラン（Cam Ranh）国際空港から市内中心部までは、シャトルバスが便利だ（約50分で5万ドン）。

ニャチャンで食べたいローカル名物

地元の人たちに人気の気軽に入れるお店を紹介

Nem nướng ネム・ヌォン

❶全部をライスペーパーで巻く。ハーブはノコギリコリアンダー、ベトナムバジルなど❷行ったのは支店。本店もある❸店内の様子。どんどん売れていく❹向かいで揚げライスペーパーとハーブ野菜の準備中

★ Nem nướng Đặng Văn Quyê
(ネムヌォン・ダン・バン・クイン)
16a LãngÔng,TP.Nha Trang

Bánh căn バイン・カン

炭火でどんどん焼かれて行く

タレとセット。唐辛子を加えるとさらにおいしい

ミックスを頼もうとしたら、この日は豚肉は品切れ。卵と海老を注文(写真は半量ずつ盛りつけ)

★ Bánh căn Bà Thừa
(バイン・カン・バーチュア)
53B Yersin,TP.Nha Trang

Bánh xèo
バイン・セオ

でき上り！ハーブもたっぷり

開くとこんな感じ。もやしも入っている。イカはプリプリ、海老はシャクシャク

❶道路がお店 ❷道具に生地を流し入れ、海老とイカを入れる。鮮度抜群！

★ Bánh xèo cô Tám
（バインセオ・コー・タム）
Location: 66 ThápBà, TP.Nha Trang

おまけ カンさんのスペシャルニャチャン料理

ネムチュア。豚肉の発酵ソーセージ。ほんのりした酸味がビールに合う

ニャチャン名物ブンチャーカー。魚がごろんと入っていた

揚げライスペーパーと豚肉のネム、てんこもりのハーブと野菜。そして自家製のタレ。完璧なバランス ❶こんな風に巻いて食べる

ニャチャンに行ったら絶対食べたい
ニャチャン発のローカルメニュー3

中塚がかつてシクロの料理長だったころ、店には何人ものベトナム人のアルバイトさんがいた。中には今でも交流させていただいている方もいる。

リリさんもそのひとり。今はホーチミン市に住んでいて、素敵な旦那さんがいるが、彼がニャチャン出身。「もしニャチャンに行くことがあったら、おすすめのお店を教えますよ」と以前言ってくれていたので、甘えてピックアップしてもらった。全部は行けなかったのだが、行ったお店はどこもおいしかった。紹介する料理は「ネムヌォン」「バインカン」「ニャチャンのバインセオ」。

ネムヌォンはムニュッとした豚肉のソーセージのようなもの。豚肉を細かくミンチして、調味料などを入れて竹串に巻き、炭火で焼く。焼けると、串を取り、パリパリに揚げたライスペーパーと一緒に出てくる。にんじん、エシャロット、ハーブ類と一緒にライスペーパーに巻き、タレをつけながら食べる。店名に「NEM NINH HÒA」とあるようにニャチャンから北に40kmほど行った港町、ニンホアの名物。ライスペーパーに揚げライスペーパーを巻くなんて、他では見ない取り合わせ。ジューシーな豚のネムがさらにジューシーになって、カリカリした食感も相まって、これ

ネムヌォン
Nem nướng

バインカン
Bánh căn

バインセオ
Bánhxèo
似たようなものにダナンなどの「バンコァイ」がある。

はすごい！ 店内は満席。回転が速いので、どんどん入れ替わる。店頭ではテイクアウトもしていて、ひっきりなしにバイクに乗った客が並ぶ。

バインカンは粉もの料理で、ブンタウのバンコットを大きくしたような形をしている。色は割と白っぽく、卵が乗っている。小ねぎがたっぷり入ったたれに、チャインを絞り入れ、青マンゴーも一緒に入れて。タレをつけながら食べる。一体ベトナムには何種類の粉もの料理があるのだろう？

最後にバインセオ。ニャチャンも小ぶりのバインセオだが、ダナンやフエとは呼び方が違う。南下して、南部に近づいたから？

しかもニャチャンのバインセオ、タダモノではなかった。海老やイカがごろごろ乗っている。しかも鮮度抜群！ ニャチャンに来ると、バインセオも立派な海鮮料理だ。

海からのじっとりとした湿気と炭火の香りに包まれながら、ニャチャンの夜は更けていく。屋台もなかなか捨てがたい。

★家庭料理も本場の味

実はニャチャンに行く前に、リリさんの家に遊びに行ったことがある。「家庭料理を食べたい」と勝手なリクエストをしたら、何と、料理上手なご主人のカンさんが、いろいろ作ってくれていた。ネムヌォンのタレは、お店で食べたものとまた違い、米やフルーツも使う複雑な味。どれもニャチャンの名物だ。いや、すごい！ ビックリしました。お礼を兼ねて141ページでご紹介した。

まだある!

ニャチャンで食べたもの&場所

ホテル裏の海鮮料理店

❶「海老のバター炒め(Tôm bơ tỏi)」❷「海鮮の揚げもの(Hải sản chiên)」はスイートチリソースで❸イカの詰め物煮(Mực nhồi thịt sốt cà)❹店の前にはプラスチックのいけすが並ぶ❺魚介の炭火焼きも店頭で

Nha Trang View Restaurant ニャチャンビューレストラン

❶ニャチャン名物ゴイカー・マイ(Gỏi cá mai)は、イワシに似た小魚を使い、ビーナッツがふられている。ハーブと一緒にライスペーパーで巻き、ピーナッツ系のたれで食べる。❷イカの揚げ物(Mực la chiễn)はカリカリと香ばしい❸ニャチャン産ロブスター(Tôm hùm)。焼く、蒸す、揚げるなど料理法は選べる❹海際に建つレストラン。風景も最高❺入口にはいけすが並ぶ。ここから注文できる

★ Nha Trang View Restaurant - Hải Sản Tươi Sống
(ニャチャンビューレストラン)
48 Nguyễn Bỉnh Khiêm,Tp. Nha Trang

Mix Restaurant
ギリシャレストラン

❶6種類の味が楽しめるミックスディップス（Mix dips）❷鶏肉のグリルのチーズ掛け。看板メニューはグリル料理の盛り合わせ（この日はオーダーストップ後）❸ニャチャンでしか見かけない「ダンタン」。甘くない炭酸水だ❹ピークタイムは行列ができていた❺ムーディーな店内❻外観

★ Mix Restaurant（ミックスレストラン）
77Hùng Vương, Tp.Nha Trang

漁港側

庶民的な海鮮料理店や、レストランが並ぶ

ニャチャン橋のたもとにも漁船が

Nha Trang

ニャチャン

海鮮・オリジナル料理そして外国料理

ニャチャン着は夜予定。リゾートエリアは遅くまでやっているレストランも多いと、情報誌にあったので、ホテルは中心部に取った。チェックインすると、さっそく外出。すぐ裏手が繁華街になっている。プラスチックのいけすが置かれた海鮮料理店が何軒かあったので、その1軒に入ることに。店は外国人に慣れていて、対応がこなれている。

メニューを見てビックリ。半分は正統派のベトナム料理だが、フュージョン料理も多い。ハンバーグやパスタまである。欧米系の観光客が多いため、こういう店も多いそう。

悩んでいたら隣のお客に来た料理がおいしそう！ せっかくだし、ニャチャンナイズなシーフードを食べてみる。頼んだのは「海老のバター炒め、ライス付き」。これが結構どころか、相当イケる。後を引くおいしさ。アイスティーを頼んだら、ニャチャン名産のお茶が出てきた。

中塚は何やら、雑食い。フライの盛り合わせと、イカの詰め物。そして卵炒飯。以上は、想像内の味だった。当然食べきれず、揚げ物一部をホテルにお持ち帰り。

翌日は、1軒くらいおしゃれレストランをと、インターネットで検索。景色もよさそうな、「ニャチャンビューレストラン」にした。

とりあえずものすごいロケーション。ベトナム人のお客が多い。何でも店の前（海）はインスタ映えする場所で、結婚式の撮影のメッカでもあるらしい。もちろんお店は披露宴会場になることも。夜はムーディーな雰囲気になるらしいが、料理の撮影がしたいので、ランチタイムに。

ここではニャチャン名物のロブスターを。目方売りされるが、大きいほどランクアップ。中くらいをお願いすることにする。ベトナムの物価が安いといってもロブスターは別格。それなりの金額になる（この日は５００g弱のものを頼んで、１００万ドン（５０００円）くらい。やっぱりさすがな金額。残り全部が50万ドンくらいだった。ゴイカーは、この店のスタイルということで生で出てきた。臭みはなく、とても食べやすい。

最終日夜は、初日夜に混んでいて気になったギリシャ料理店に行った。ここは珍しく、日本語メニューがあった。ギリシャ人のオーナーさんがやっている店だが、内装にはベトナムの調度品も使われていて、独特のムードがあり、かなりおしゃれ。閉店ギリギリに行ったのに、快く迎えてくれた。欧米系の方向けか、ボリュームはとても多い。

ベトナムでギリシャ料理について語るのも何だが、本格派の味で、再訪したくなる。

バインセオを食べる際に、ニャチャン川を渡った「漁港エリア」にも行ってきた。「ポー・ナガル塔（１３６ページ）」近くは、漁船が多数停泊し、リゾートエリアとはまた違った、ベトナムらしい雰囲気。海鮮レストランがたくさん並ぶ。ローカル系のレストランも、屋台の海鮮料理店も多かった。

お店を選ばないといけないが、このエリアで食事をするのも楽しそうだ。

第3章

ベトナムーの商業都市が。
大自然の恵みもタップリ

南部

Đồng Nai Làng Bưởi

Tỉnh Bình Dương

ビンズン（ビンズオン）省

ホーチミン市上に隣接する人口 200 万超の省で、日本企業の進出も多い。新都心計画も進行中で、ホーチミン市のベッドタウン的要素もある。果樹園や、ソンベ（ライティウ）焼きなども知られている。

TP. Hồ Chí Minh

Mỹ Tho

Tỉnh Bến Tre

ベンチェ省

緑豊かなメコンデルタの省。ミトーと省都ベンチェは、メコン川を挟んで隣接している。

Tỉnh Vĩnh Long

ヴィンロン省

メコンデルタの中心に位置。省都ヴィンロンは、ティエンザン省カイベー（Cái Bè）の対岸。

Vũng Tàu

ブンタウ

ホーチミン市から南東へ約 95 ㎞。バリア・ブンタウ省（Tỉnh Bà Rịa-Vũng Tàu）の旧省都。ホーチミン市からベトナム人が海水浴に行く場所で、いわば「ベトナムの熱海」。

Đồng bằng sông Cửu Long

メコンデルタの街

ホーチミン市からのツアー人気№１がこのエリア。東南アジア最長の川メコン川（Sông Cửu Long）の終着地がこのエリア。メコンデルタの入り口の町ミトー（Mỹ Tho）、対岸のベンチェ（Bến Tre）、ヴィンロン（Vĩnh Long）、そして中央直轄市のカントー（Cần Thơ）を紹介。

TP.Cần Thơ

カントー市

メコンデルタ最大の都市で人口は約 156 万人。ホーチミン市から南西へ約 160㎞。

ザボン村

ホーチミン市から北に1時間半ほどのドンナイ省（Tỉnh Đồng Nai）の郊外にある、ザボンづくしのテーマパーク。

カンボジア
Cambodia

ホーチミン市

ベトナム一の商業都市で、人口も約870万人と第1位。南北統一前は南ベトナム共和国の首都で「サイゴン（Sài Gòn）」と呼ばれた。サイゴン陥落後、指導者ホーチミン氏の名前からこの名に。そのため「市」がつく。

フーコック島

Đảo Phú Quốc

タイランド湾に浮かぶ風光明媚な島でカンボジアと近い。ベトナム最大の島（561㎢）で、淡路島（592㎢）とほぼ同じ大きさ。近年「最後の楽園」とも言われ、人気上昇中。

ミトー

ホーチミン市から約60㎞。ティエンザン省（Tỉnh Tiền Giang）の省都。メコンデルタ入り口の町。

ベトナム一の商業都市「ホーチミン市」があり、南部はベトナムの商業の中心地となっています。一方で、ベトナム一の米穀地帯メコンデルタも擁し、熱帯地方ならではの南国フルーツや、ココナッツなど、農産物の宝庫でもあります。さらに、海、川ともに魚介類も豊富で、うらやましい限り。こうした豊かな食材を生かした、南国らしい名物料理が多数存在しています。カンボジアの元となった「クメール王国」の時代にはその一部だったエリアでもあります。

TP. Hồ Chí Minh

ホーチミン市

ホーチミン市の歴史を 改めて紐解いておきたい

本の中に何度も書いていて、繰り返しになっていて恐縮だが、ベトナムの歴史はかなりややこしい。正直、触れたくないし、まして書きたくない。ただ、歴史はそのまま、食べ物の歴史に直結するのだ。

ホーチミン市は、英語だとHo Chi Minh City。中塚にとっても私にとっても、ベトナム戦争は、時代的にリアルだ。戦争が終結するまで、ホーチミン市の中心部は、サイゴンという名だった（1862年〜）。

ホーチミン市になったのは、1975年5月から。来年で45年だ。戦争が終わるまで、北と南は違う国だった。サイゴンは南ベトナム共和国の首都だった。それより古い時代には、クメール人が住むクメール王国の一部だった。ホーチミン市近辺の地図を時代を追って見ていくと、国が変わっていくことがわかる。17世紀には中国から華僑も住み始めているし、ベトナムからも入植者が増えていく。このころから現在のベトナムの基礎ができてきたようだ。やがてフランス統治の時代が100年。この時サイゴンは、最初に直轄の植民地となった。結果、いろいろな国の影響を受けたり吸収したりしつつ、独白の文化を持って、南部のベトナム料理は育まれているのだと思う。

サイゴン
Sài Gòn

補足1
ベトナムはかつてトンキン（北）、安南（中部）、コーチシナ（南）の3つに分かれていて最初に統一したのが、フエの阮(グエン)王朝。この王朝、フランスの傀儡政権だった部分があり、やがてフランス支配下に置かれることとなる。その後一度南北に分断、1975年に再度統一され、現在に至る。

説明が長くなった。日本とベトナムの最初の直行便は成田空港ではなく、関空。成田空港との直行便就航は2000年11月で、ホーチミン市タンソンニャット空港行きのみ。

2000年当時は、ベトナムに行く人も多くはなく、行くのはほとんどがホーチミン市。ハノイに行ったことがある人は、ほぼ駐在員の方。そのため、最初はホーチミン市から旅はスタートした。

当時も今も、ホーチミン市はベトナム一の都市だ。ベトナム経済の半分ほどを担っている、なんて記事を読んだこともある。日々成長するベトナムをけん引する都市。ただし、念のため**「ここは首都ではありません」**。

ベトナムに通い出したのは、中塚がシクロの料理長になったから。当時日本にほとんど資料がなく、現地に趣き、直接食べて学ぶしかなかった。面白すぎて、お互い夢中になった。今は各地を旅するようになったが、ホーチミン市に到着すると、つい「ただいま」と口にする。まるで故郷のようだ。

もう10年以上前だろうか。シクロ時代からの友人のフンちゃんが「サイゴンにはあまり名物はありません。メコン川から持ってきています」。ということを言った。名著『ベトナムめしの旅』の冒頭にもそんなことが書いてあった。今回この本を作るにあたり、サイゴン在住や南部出身のベトナム人何人もに「サイゴンの名物は?」と質問をした。全員が言いよどむ。「う〜ん」と考えて、一番多かった答えが「自分が好きなものです」。

伝統的な南部ベトナム料理は、南部各地の地方料理に起源がある。それを集大成しているのがサイゴン＝ホーチミン市ということらしい。ここからは、その種明かしと言うか、南部ベトナム料理について紹介したい。

補足2
ホーチミン市は建国の父、ホー・チ・ミン氏にちなんで改名された。氏と混同しないように、ホーチミン市と市をつけている。「ホーチミン」と言うと、ベトナム人が青くなることがある（呼び捨てになってしまう）。また、今でも親しみを込めて「サイゴン」と呼ぶベトナム人も多い。

ホーチミン市のトレンドピックアップ3♪

ここ数年大きな話題となっているお店&エリアをはこちらです

1 おいしいチョコレートが食べられるようになった！

ベトナム各地のカカオを厳選。エリア名がついたチョコレートが定番。その時期ならではの期間限定商品も。カフェで食べられるケーキやドリンクも秀逸。ぜひ店内でも食べてみてほしい。❶店内で食べたチョコレートケーキ&チョコレートドリンク❷カカオを焙煎する機械❸店内の様子。チョコレートは各種ある❹使われているカカオ❺定番のチョコレート。地域ごとにカカオを厳選❻作っているところも見られる

★ Maison Marou（メゾン・マルゥ）
167 - 169Calmette, Quận1,TP. HCM

2 おしゃれすぎるピザレストラン PIZZA 4P's

現在ホーチミン市に7店舗。ベンタン市場店は吹き抜けになっている。❶ホーチミン市店限定の花ピザ❷左には大きなピザ窯が❸ベンタン店外観❹ピザ以外のアラカルト、デザートも秀逸

★ PIZZA 4 P's（ピザ・フォー・ピーズ）
8 Thủ Khoa Huân, Phường Bến Thành Quận 1, TP. HCM

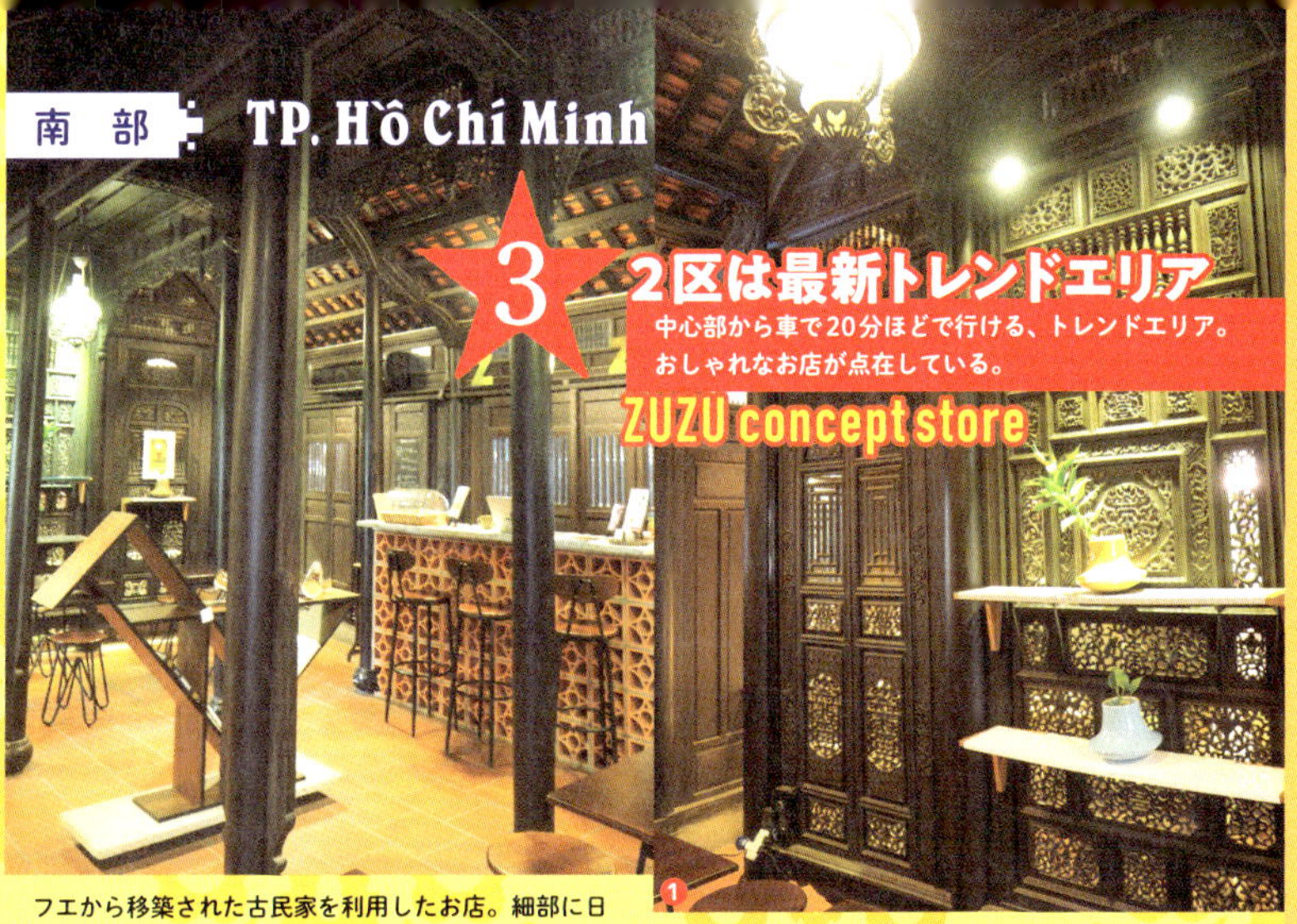

3 2区は最新トレンドエリア

中心部から車で20分ほどで行ける、トレンドエリア。おしゃれなお店が点在している。

ZUZU concept store

フエから移築された古民家を利用したお店。細部に日本人とフランス人オーナーのセンスが光る。店内には、オールドソンベ（187ページ）や、オーガニック食材など選び抜かれたものが並ぶ。ドリンクや自家製のケーキ類も食材からこだわる。❶古い建物好きにはたまらないお店❷不定期で入荷するオールドソンベなどの焼き物❸コールドプレスジュースは日替わり

★ ZUZU concept store（ズズ・コンセプト・ストアー）
48ATrần Ngọc Diện, P. Thảo Điền, Quận 2, TP. HCM

AN CAFE SAIGON

広い中庭と、木を上手に使った開放的な建物とで構成されたレストラン。都市部にいることを忘れさせてくれる。写真はランチセットだが、モーニングからディナーまで、伝統的なベトナム料理をベースにしたオリジナル料理を味わえる。NO.MSGもうれしい。❶木の皿に盛り付けられたランチセット❷中庭にも席が❸広々と開放的な店内❹外観

★ AN CAFE SAIGON（アン・カフェ・サイゴン）
10Trần Ngọc Diện, Thảo Điền, Quận 2,TP.HCM

2区

レストランやショップが集まるエリアは、瀟洒な邸宅も多い

TP. Hồ Chí Minh

ホーチミン市

RIGHT NOW!!
進化し続けるホーチミン市

諸事情から2年ほど、ホーチミン市に行けなかったことがあった。予想はしていたが、街の変貌ぶりに心底驚いた。ほぼ、〝浦島太郎状態〟。その話を、駐在経験のある友人にすると、「いや、3か月くらいで、すでにそんな感じじゃない?」という話に。

2年ブランクがあったとき。付近で一番高くて目印にしていた建物が、その道で一番低い建物になっていた。そして、地下鉄工事が始まっていて、街の中心地がどえらいことになっていた(そして、今も続く……)。

アジア各国の中でも経済成長目まぐるしいベトナム。過去には、そろそろ打ち止め、みたいな話もあったが、いえいえ。2018年のGDPはリーマンショック以降、過去最高の7・1%と何と7%超え。この成長を支える街がホーチミン市でもある。

行くたびに新しいベトナム料理レストランができ、おしゃれなお店がどんどん増える。2016年7月には、中心部に高島屋も出店。おしゃれエリアとして名高い2区も、まだまだ新しいお店ができそうだ。

一方で屋台も健在。パリッとスーツを決めた若い女性が、屋台で買い物や食事をしているのも日常風景。

食シーンのトレンドも含め、今のベトナム

ホーチミン市の屋台
一時期、政府の方針で、中心部から屋台が減ったことがあった。その後、禁止令が解除されたようで、復活。ただしここ数年は地下鉄工事をしているエリアでは、前より減少傾向にある。生活エリアなどはまだ多い。

を知ったり味わったりするのに、ホーチミン市はとてもよい場所でもある。

ホーチミン市とハノイは、高級レストランやおしゃれカフェが多い。特にホーチミン市は数年前から古いアパートをリノベするのが流行っている。「42グエンフエ・アパートメント」のように大きなアパートがフルリノベされ、おしゃれカフェやショップが集まっているところもあり、特に若者に人気だ。

ベトナムはブラジルに次ぐ、世界第2位のコーヒー輸出国だが、もともとはロブスター種といって、ブレンド用の豆が主流だった。近年では豆の品質もあがり、おいしいコーヒーも増えている。ベトナムコーヒーは主要都市ならどこでもあるが、お茶カフェが多いハノイと比べ、ホーチミン市はよりコーヒー文化が強いように思う。ホーチミン市の気候は、ベトナム人曰く「暑いか、すごく暑い」。街歩きをする際にも、くつろげるカフェが多く存在していると、本当にありがたい。

コーヒーだけでなく最近はチョコレートもトレンド。始まりはフランス人経営者による「マルゥ」。ベトナム各地を回り、厳選されたカカオから高品質のチョコレートを作り、２０１４年国際チョコレートアワードで金賞、翌年には銀賞を獲得。２０１６年、直営1号店がホーチミン市に。ベトナムのチョコレートはおいしくない、を一掃した出来事だ。

ベトナムフリークな友人から、「僕はベトナムに行ったらベトナム料理店にしか行かないけれど、ここだけは別」。と勧められたのが「ピザ・フォーピーズ」。オープン後話題になっていたのは知っていたが、ベトナム料理以外にはほぼ行かないため未訪だった。彼がそういうのなら、と行ってみたら、本当にすごい。随所にこだわりのあるお店だ。

42グエンフエ・アパートメント
42Nguyễn Huệ Apartment

マルゥ
MAROU
ベトナム原産のカカオのみを厳選して使用。Bean To Bar を実現。

ピザ・フォー・ピーズ
Pizza4P's
日本人である益子陽介さんと妻早苗さんが２０１１年に創業。味はもちろん、店内、食材、接客、全てにこだわりが感じられる。２０１９年6月現在、ベトナム国内に12店を展開。

人気のおしゃれレストラン

数あるレストランの中から
ほんの一例をご紹介

シークレット・ハウス
SECRET HOUSE

人気店シークレットガーデンの系列店。こちらは路面店で、中庭に畑があるのは同じ。ハーブ類が植えられている。ベトナムの田舎の雰囲気を感じながら、伝統的な南部料理が食べられる。❶お店外観。ガラス張りで入りやすい。店内には仏像も❷店内❸中庭には鶏もいる❹ベトナム家庭料理が並ぶ❺写真付きメニュー

★ SECRET HOUSE（シークレット・ハウス）
55/2 Lê Thị Hồng Gấm, Quận 1, TP. HCM

ディ・マイ
Dì Mai

古き良きベトナムをテーマに、現代風にソフィスケートされた、良質な料理が食べられる。セットメニューもある。❶店内は広々としていて、ゆったりくつろげる❷アラカルトの一例。Món khai vị Dì Mai。春巻きやサラダが入ったプレート❸かぼちゃの花の炒め

★ Dì Mai（ディ・マイ）
136 - 138Lê Thị Hồng Gấm, Quận 1, TP. HCM

クアン・ブイ
Quán Bụi

ホーチミン市内に系列店が５軒ある。ソフィスケートされたベトナム家庭料理の店。こちらはドンコイ通りから近い。２区にある「ガーデン」も開放的でおすすめ（２区に「Kitchen」もオープン）。❶外観。テラス席も❷内観❸ご飯が進む料理が多い。フォーなどの麺料理もある

★ Quán Bụi（クアン・ブイ）
2A Lê Duẩn, P. Bến Nghé, Quận 1, TP. HCM

ホア・トゥック
Hoa Túc

１００年前のアヘン工場をリノベした店。ベトナム南部料理をアレンジしたオリジナル料理が並ぶ。セットメニューもある。❶フレンチコロニアルな雰囲気。店名は、壁に描かれているナスタチウム❷外観。テラス席も❸料理一例

★ Hoa Túc（ホア・トゥック）
74/7 Hai Bà Trưng, P. Bến Nghé, Quận 1, TP. HCM

ホーチミン市で食べるべきローカルメニュー

生春巻き・バインミー・ステーキ・コムタム
Gỏi Cuốn・Bánh Mì・Bò Bít Tết・Cơm Tấm

あと数年もすると、ホーチミン市の人口は1000万人を突破する、という話もある。それだけの人が住んでいるだけに、お店のバリエーションも食べられる料理も多彩だ。実際のところ、20ページではとても紹介できない。ホーチミン市を紹介するガイドブックは多数あるので、料理や食べられるお店の詳細は、そちらを見ていただきたい。

　ここでは数ある中から、特色あるローカルメニューをピックアップしたみたい。

「ベトナム料理といったら生春巻きだよね」。よく店でもお客様が話している。この生春巻き、南部の料理。しかも現地では元々、おやつとして屋台などで売られている。

　ハノイでは生春巻き屋台はほぼ見ない。あっても多分、南の出身の方がやっているのでは、と思われる。さらに、南部の生春巻きのタレは、ピーナッツ味噌ベースの味だ。これが元祖生春巻き。旅行者に人気があることから、レストランでは生春巻きを置いていることが多い。ただ、食堂やフォー屋さんでおまけの一品として頼むことはまずできない(販売していない)。日本のベトナム料理店に定番であるのは、日本だから。ついでに書くと、タイ料理には元来、生春巻きはない。日本のタイ料理店にあるのは、ベトナムの生春

生春巻き
Gỏi Cuốn（ゴイ・クゥオン）
ゴイはサラダ、クゥオンは巻く、という意味。元々はサラダ野菜、ブン、もやし、ゆでた海老と豚肉を巻くのが定番。最近では創作生春巻きも人気だ。いろいろ食べ比べてみても。

巻きをアレンジしたもの。

ここ数年、日本でもようやく大ブームのきざしを見せているバインミー。フランス統治時代の置き土産とされているバゲットだが、ベトナムのは米粉も配合されていて、外側はパリッ中はふわっ＋もちっとしている。米粉が入っているせいなのか、結構食べ応えがあり、腹もちもいい。フランスがもたらしたバインミーは、ベトナムでは独自の進化を遂げている。

このバインミー、お店の数もバリエーションも多いのは、ホーチミン市。中心部には、バインミー屋台も多いが、他の地方ではあんなにたくさんの店が並ばない。また、ホーチミン市では何と！　朝からステーキ！　このステーキに添えられるのはバインミーだ。決してご飯ではない。

ホーチミン市は熱帯地方。でも、朝早い時間でも店は混雑していて、「ベトナム人どんだけ胃が丈夫なんだ？」とびっくりする。といいつつもバインミーが軽いので、結構食べられてしまう。ぜひ朝にチャレンジをしてみてほしい。

最後にコムタム。直訳すると砕け米。ホーチミン市には、屋台から専門店まで、コムタム屋さんが多い。コムタム屋さんは、たいていコムビンザン（食堂）になっていて、店頭には、いろいろなおかずが並んでいる。好きなものを指さして買い、トータル金額を支払うシステムだ。

ベトナムの通常の長細米とは違って、小さく砕けている米で、これを炊いたご飯に、好きなおかずをのせて食べる。消化もよくさらさらして食べやすい。

コムタムはホーチミン市が発祥とされるご飯だ。

バイン・ミー
Bánh Mì
バインミーは、ベトナムフランスパンの意味で、正確には、バインミー●●と、はさむ具材が書かれる。バインミーという言い方で定着してしまったが、現地の発音だと、「バィン（バン）・メー」に近い。

朝からステーキ
ステーキはベトナム各地で見られるが、早朝からやっている店は、今のところ、他では見たことがない。（自分調べ）。

コムタム
cơm tấm

バインミー&ステーキ&コムタム

ホーチミン市発祥メニューをちょっとだけご紹介

バインミー

Bánh Mì Huỳnh Hoa

❶具がもう、ぎっしりでずっしり。テイクアウト専門なので近くの道端で撮影❷ハムだけで何種類も入っている。レバーパテ、なます、きゅうりなど栄養バランスも上々❸15時から深夜まで営業する店。行列ができることも多い❹レバーパテやソーセージが並ぶ。流れ作業でどんどん作られる❺具を挟む前に炭火であぶる

★ Bánh Mì Huỳnh Hoa（バインミー・フィンホア）
26Lê Thị Riêng,P. BếnThành,Quận1,TP.HCM

バインミーカタログ

❶ベジタリアンバインミー（ABCベーカリー）❷海老入りバインミー❸バインミーシウマイ（ベトナムシューマイ）❹バインミーチュン（卵のバインミー）❺豚肉BBQバインミー（ニューラン）❻幻の屋台バインミー屋さん（今までの屋台で一番おいしかった）。今はもうない

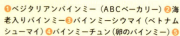

朝からステーキ

Nam Sơn

❶ステーキコンボ（Bò bít tết Thập cẩm：ボー・ビ・テッ・タップ・カム）。目玉焼きと、ベトナムシウマイ（皮のないシウマイ）、レバーパテがつく❷ステーキコンボセットと、はす花茶

★ Nam Sơn（ナム・スン）
188Nam Kỳ Khởi Nghĩa,P.6,Quận3,TP.HCM
★2019年５月にすぐ隣に移転。そのため店内写真なし

コム・タム

人気のチェーン店２つをご紹介
（ただし、屋台でもおいしいところがある）

Cơm Tấm Thuận Kiều

市内に10店舗ほどあるコムタムのチェーン店。写真は中心部から遠い店なので住所は違う場所に（メニューは同じ）。コムビンザンスタイルがうれしい❶こんな感じで盛り付けられる。野菜は一緒に乗ってくることもあるが、この日は別だった。タレも来たので好みでつけながら食べる。手前の豚肉の炭火焼き肉は定番の１品。食べる内容にもよるがひとり６～８万ドン程度（約300～400円）❷グリーンとイエローの外観❸おかずが並んでいるので指をさして注文できる❹バナナは食べると別料金

★ Cơm Tấm Thuận Kiều
（コムタム・トゥアンキェウ）
26 Tôn Thất Tùng, P. Bến Thành, Quận 1, TP. HCM

Cơm Tấm CALI

2019年７月現在市内に20店舗あるチェーン店。おしゃれに盛り付けたコムタムが食べられる。泊まったホテルのボーイさんが、「おいしいよ」と勧めてくれたので食べてみた。コムタム以外のメニューも充実❶セットメニューになっている。こちらで５種のせ８万ドン（約４００円）❷紫色のカラーが目印❸店内❹おまけ。ゴーヤのスープ

★ Cơm Tấm CALI（コムタム・カリ）
236Lê Thánh Tôn,Quận1,TP.HCM

麺料理についても触れておきたい
サイゴン麺物語

まずフォーの話。ハノイ10ページから数ページに渡って、フォーの話を書いた。

北部発祥のフォーがホーチミン市に渡ったのは、文献などによると１９５０〜６０年ごろだそう。１９５４年にはパスター通りとヒエンヴォン通りにフォー屋さんができたそう。今でも、パスター通りには、１９６９年に創業したフォーパスターというお店が名店として残っている。

ハノイのフォーとホーチミン市のフォー。一番の違いはトッピングにある。ホーチミン市では、ハーブ野菜が別皿でたっぷり添えられることが多い。スープの味もちょっと違う。

1年中暑いホーチミン市では、甘めの味付けが好まれているが、フォーのスープも甘めの味だ。あと、発音。"Phở"をフォーというと、まず伝わらない。どちらかというと、「ファー」。南部の発音だとこんな感じ。

ベトナムに「ボー・コー」というベトナム風ビーフシチューがある。香辛料が入ってエスニックな香りのするシチューだが、ホーチミン市には、フォーボーコーがある。

これ、バインミーでも食べられて、人によっては、フォーボーコー+バインミーなんていう麺+パンという選択をしている。斬新！　しかも紹介した店、欧米人にも大人気

フォー Phở
パスター Pasteur
ヒエンヴォン Hiền Vương
ボー・コー Bò Kho

の安宿街、デタムに近く、24時間営業なのだ。深夜までやっている店は、ホーチミン市でも少ない。貴重な存在なのだ。

フォーはホーチミン市や南部の他の街にもすっかり根付いているが、南部にはもう一つ、ご当地麺がある。フーティウだ。細い麺で、麺の生地のベースはフォーと同じように米。ただ、切る前に乾燥させるので、その過程で少し発酵する。それでコシが出るらしい。南部出身のベトナム人とフォーの話をすると、「フォーもおいしいけれど、フーティウが食べたいな」とよく言っていた。

フーティウはミトーの名物。ホーチミン市から60kmと近い。後述するが、ミトーに行くと、「フーティウ・ミトー」という看板をよく目にする。ホーチミン市で人気のお店は、「フーティウ・ナンバン」とある。あれ？

フーティウナンバンのナンバンは、カンボジアの首都プノンペンの名前。中国人がカンボジアにもたらした麺が、「クイティウ」という名前になって、やがて1980年代以降、ホーチミン市に伝わったものだという。

ミトーの話は203ページで改めるとして、フーティウには、汁ありと汁なしがある。汁麺のスープは豚骨や豚足を使って作る、透明なスープだ。食べに行ったお店は具だくさん。生野菜やハーブ類も添えられていて、適宜加えながら、ベトナムライムや唐辛子などを加えながら食べる。汁なしは、シーズニングソース系の甘辛いたれがかかっている。やっぱり野菜類やハーブなどを入れながら、全体を混ぜつつ食べる。汁ありも汁なしも、どちらも細くてコシのある麺が、とてもいい塩梅。

そしてこちらも、24時間営業。深夜でもお腹がすけば、いつでも栄養たっぷりの食事を手軽に取ることができる。うらやましい。

ホーチミン市で食べたい麺料理

今回は、フォーとフーティウ。どちらも思い出に残る味

Phở
フォー
Phở thập cẩm（全部のせ)。半レア牛肉と炒め牛肉、牛肉団子ものっている。トッピングは小ねぎと、薄切り玉ねぎ
もやしと、ハーブはノコギリコリアンダー、ベトナムバジル。生唐辛子とベトナムライムのチャインも
海鮮醤系のタレとチリソースに唐辛子がのったタレ。肉団子をつけながら食べる（好みでフォーに入れてもよい）

食べるならココ

★ Phở Hòa Pasteur（フォー・フォア・パスター）
260C Pasteur, P. 8, Quận 3, TP. HCM
1969年創業の老舗。外国人にも人気がある。

★ Phở Lệ（フォー・レ）
413-415Nguyễn Trãi,P.7,Quận 5,TP.HCM
今回紹介したフォー・ボーの店。５区以外に３区にもある。

★ Phở Miến Gà Kỳ Đồng
（フォー・ミエンガー・キー・ドァン）
14/5Kỳ Đồng, Phường 9,Quận3,TP.HCM
ベトナム在住の友人に連れて行ってもらった店。ほぼ100％現地人の大型店。鶏肉の春雨麺の専門店だが、フォー・ガーもおいしい。

❶フォーは店頭で❷店内❸看板。５区なので漢字が入っている（170ページ）

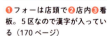

24時間営業がうれしい専門店2

いつでも食べられて、しかもおいしい♪

Phở Bò Kho フォーボーコー

❶

❸

❷

❶麺が見えないが、こちらがフォー・ボー・コー❷トッピングの野菜。ノコギリコリアンダー、ベトナムバジル、ラウ・オム（Rau ôm）、もやし。その他チャイン、生唐辛子❸デタム通り近くにお店がある。欧米系のお客も多い。フォー・ボーやフォー・ガーもある

★ Phở Quỳnh（フォー・クイン）
323 Phạm Ngũ Lão, Quận 1, TP. HCM

フーティウナンバン Hủ Tiếu Nam Vang

❷

❸

★ Hủ Tiếu Nam Vang Quỳnh
（フーティウ・ナンバン・クイン）
A65 Nguyễn Trãi, P. Nguyễn Cư Trinh, Quận 1, TP. HCM

❶

❶汁なし麺にはスープもつく。いか、海老、豚肉、豚レバー、はす茎など具材は盛りだくさん❷汁あり麺。どちらもトッピングに春菊、にら、もやし、からし菜系のサラダ菜がつく❸外観。カフェのような雰囲気

TP. Hồ Chí Minh

ホーチミン市

私的おすすめ料理の続き 花鍋・紫山いものスープ……etc

最後にやっぱりどうしても紹介したいホーチミン市で食べたい料理をいくつか。

「花鍋（ラウ・ホア）」。南部名物の具だくさんな食べるスープに「カイン・チュア」がある。パイナップルやトマト、はすいもなどが入り、海老や魚介も入ったりする、酸味と甘みが絶妙なスープだ。このスープに似たベースのスープで、魚介類や野菜、えのき、そしていろいろな花を煮ながら食べるという贅沢な料理が、この花鍋。

　メコンデルタの市場に行くと、いろいろな花が売られている。これは鑑賞用の花ではなく、食べる用。かぼちゃの花、ティン・リー（夜来香：イエライシャン）、白胡蝶、さらにカンボジアとの国境近いチャオドックに行くと、ディエンディエン（小さな黄色い花）などもシーズンには市場に並ぶという。

　メコンデルタの街に行くと、鍋料理の具材にさりげなく花が入っていて、驚くことがあるが、花鍋はその集大成のような贅沢な鍋で、南部ならでは。何軒か食べられるところがあるが、おすすめは重厚な雰囲気のある、「アン・ビエン」へ。店内は、調度品一つ一つが素晴らしく、思わずうっとりする。つい席に座らずに眺めたくなる。夜はとてもムーディーな雰囲気に包まれる。海老もかなり

花鍋（ラウホア）
Lẩu Hoa

大ぶりで食べ応えがある。値段はやや張るが、ぜひ一度食べてみてもらいたい。

「紫山いものスープ（カイン・コアイ・モー）」。これは南部の家庭料理。タロイモ系の色鮮やかな紫色のスープで、このスープ、やっぱり北部では見られない。改めて強調するが、さつまいもではなく、タロイモ系。長いもにも少し似ていて、独特の強い粘りがある。日本でも紫山いもを手に入れることができ、店でもシーズンには作っているが、日本で手に入るのは、台湾系の紫山いも。味は似ているが、ベトナムの紫山いもとは種類が違う。最初にこのスープを食べたのは2004年で、ドンコイ近くにある「ホワイエン」。今では当時とメニューが違う。今でも食べられておすすめなのは、老舗のベトナム料理の名店「フーン・ライ」。紫山いものスープはセットメニューにも組み込まれていて、オープン当初からの人気メニューだそう。美しい紫色のスープで、とても滋味深い味だ。

ホワイエンは、今では大きなグループ会社になっている。昔からブッフェレストランが知られていたが、現在では拡大。ホーチミン市にブッフェだけで7軒もある。高島屋が入るサイゴンスクエアビルの上には、さらにアッパークラスの（海老や蟹を料理してくれる）プレミアムブッフェもあって、ベトナム人がパーティーをしていたりする。いろいろなものを少しずつ食べたい方や、選ぶのがちょっと疲れちゃったという方、一人旅の方には、気軽にベトナム料理を楽しめる場所として、おすすめかと思う。

おいしい屋台料理や、スイーツのお店も、ホーチミン市にはたくさんある。こうしている間にも、ホーチミン市には、どんどんおいしいお店が増えているに違いない。

紫山いものスープ
Canh khoai mỡ

ホワイエン・ブッフェ
Hoàng Yến Buffet

花鍋と紫山芋のスープ

最後にやっぱりこの2食

花鍋全体。
海老はこの大きさ！

An Viên
花鍋

ある程度煮込まれてた
状態で来る。ここに他
の具材を加える

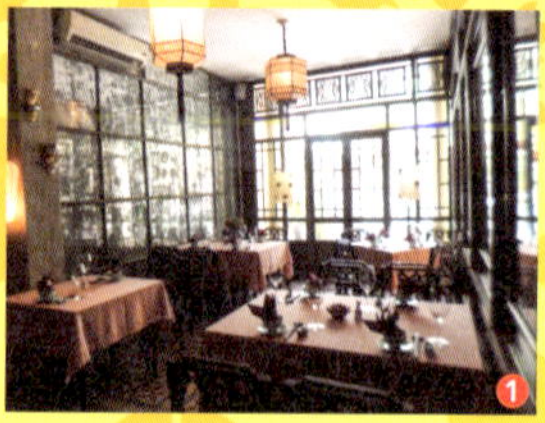

2001年オープン。裏通りに位置する瀟洒な西洋館ベトナミーズ。厳選された食材から作られる花鍋は絶品。コース料理もある❶ゴージャスな内観❷外観

★ An Viên（アンビエン）
178A Hai Bà Trưng P. Đa Kao, Quận 1, TP. HCM

Hương Lài
紫山いものスープ

食べるのはこの店で。

フレンチコロニアルで落ち着いた佇まいのレストランでベトナム家庭料理を提供する。もともとストリートチルドレンの方を支援する目的で、2001年に、白井尋さんがオープン。

★ Hương Lài（フーン・ライ）
38 Lý Tự Trọng, P. Bến Nghé, Quận 1, TP. HCM

紫山いものスープ。
山いもなので独特のとろみがある

まだある！食べたい南部料理

Chè

Gỏi Cuốn

Bánh Xèo

❶バインセオ（Bánh Xèo）。南部を代表する粉もの料理。ハーブたっぷり❷白とうもろこしの炒めバップ・サオ（Bắp Xào）。甘くない白とうもろこしで。屋台料理❸生春巻きゴイクォン（Gỏi Cuốn）。158ページで紹介した元祖❹花ニラの炒めボン・ヘー・サオ（Bông Hẹ Xào）。牛肉やイカ、貝類と炒めることが多い❺チェー（Chè）いろいろ。ベンタン市場のチェー屋さんで撮影

Bông Hẹ Xào

Bắp Xào

TP. Hồ Chí Minh Chợ Lớn

ホーチミン市　チョロン

『ラ・マン』の舞台になった場所
そして水餃子通りへ……

マルグリット・デュラスの『ラ・マン』を手にしたのは25歳の時。版元の出版社の営業部でアルバイトをしていのだ。とてもかぐわしい物語で、何度も読み返した。その後映画が上映されると、映画館に観に行った。映画の舞台はチョロンだったがフランス読みで、ショロンと発音していた。１９９２年公開だから、もう27年も前の映画だが、今でもネットで検索すると、「ロケ地巡り」をしている方のブログが出てきたりして感慨深い。

チョロンは、直訳するとChợ＝市場、Lớn＝大きいという意味。ホーチミン市内の５区と６区あたりだそうで、中心部からチョロンに行くときは、たいてい１番のバスに乗っていく。ベンタン市場から、終点のチョロンバスターミナルまで大体40分くらいだが、乗っているとだんだんと漢字が増えて来る。それで、チョロンに入ったんだなとわかる。ホーチミン市だけれど、中国語も聞こえてくる。市内の中国人（華人：ホワ族）のほぼ８割がチョロンに住んでいるらしい。

チョロンには、大きな市場が２つある。ひとつがチョロンバスターミナルから近い「ビンタイ市場」、もうひとつが少し手前にある「アンドン市場」だ。どちらも卸売り専門だけれど、単位は10個からＯＫで、物によって

ビンタイ市場
Chợ Bình Tây
（チョー・ビンタイ）
２０２０年には築90年に。古い建物で老朽化が進んでいたことと、文化的な価値がある（２０１７年に「都市級芸術建築遺跡」に認定されたそう）ことから、２０１６年から修復工事が行われていた。２０１８年末に工事が終了。そこで、２０１９年３月に行って来た。前よりも通路が広くなっていた。

は1個からでも大丈夫だったりする。言葉が通じなくても電卓があれば大丈夫だ。

どちらの市場も食堂がある。食材もいろいろ売られているので見るだけでも楽しい。

ビンタイ市場の前は屋台がたくさん並ぶ。

いろいろ調べていて、市場からほどなく、水餃子通りがあることを知った。情報誌の地図を見るとバスターミナルから1kmくらいかなと、歩いて向かった。今さらだが、チョロン地区の交通事情（バイク事情）は、かなりすごい。荷物を持ったバイクが突進してくる。旧築地市場のターレのすごい感じ。そして、途中にあったホンバン通りが、鬼のように広い……。それでも何とか辿り着いた。バスターミナルから30分くらいかかった。

水餃子店が並ぶハートンクエン通りは、思った以上に人がいて、ビックリするほど声がかかる。見るからに私たち、外国人だと思うのだが、呼び込みがすごい。通りについてから、ゆっくり回って、おいしそうなお店を探そう、と思っていたのだけれど……。お店の方の気合がすごくて、とても無理そう。

「ごめん。今日は食べるのやめよう」

「はぁ?? 何しに歩いてきたの??（怒）」

「いや。ごめん。別の日にしよう。そうしよう（いつだよ??）」

おいしそうなお店が並ぶのに、歩いてきた熱気にやられ、湯気の立つ大鍋や、客引きの熱気にやられ。ありえないことに、そのまま引き返してきた。次に行くときは、ちゃんと気合を入れて行きたい。そして、タクシーで行きます。そうします。

実際には、本当においしそうなお店がずらり、だったのに。皆さんも、歩くときには、気をつけて。ちなみにバスターミナルは6区、ハートンクエン通りは11区だった。

アンドン市場 Chợ An Đông（チョー・アンドン）

ホンバン通り Hồng Bàng

ハートンクエン通り Hà Tôn Quyền

水餃子通りはこんな感じ。完全に呼び込みにやられて、腰が引けているため写真も遠くからこっそりと（何やっているんだか）。念のため、お店の方は熱心に呼び込みをしていただけで、何も問題はなかった（今思うと）。

ホーチミン市の中の異国パワー

チョロン地区の魅力を公開！

歩けば歩くほど魅力が増える大きなワンダーランド

❶

❻

❸

❷

❶コム・ガー（チキンライス）❷ベトナム麻婆豆腐。辛味も汁気も少ない❸土鍋焼きで出される料理多し。キュート❹レンコンのスープ。鳥さんの「もみじ」入り❺外観❻オープンキッチン

★ Cơm Gà Đông Nguyên（東源鶏飯）
（コム・ガー・ドン・グエン）
801 Nguyễn Trãi, P. 14 , Quận 5, TP. HCM

❺

❹

その他もろもろ

バインミーの屋台。ファーラウ（豚耳やもつの煮込み）の文字も

子豚ちゃん

南部 TP. Hồ Chí Minh　Chợ Lớn

Chè Hà Ký

❶いちごのチェーといちご豆腐。小豆と白玉のチェー。中国系の面白いチェーや軽食もある❷レトロ好きにはたまらないデザイン❸店内の様子

★ Chè Hà Ký（何記甜品店）
（チェー・ハー・キー）
138 Châu Văn Liêm, P. 11,
Quận 5, TP. HCM

水餃子

Sủi Cảo Việt Nương

おいしい水餃子と焼き餃子を食べに。餃子は皮から手作り。麺料理もあって、麺も手作りだそう❶焼き餃子❷ねぎ餅❸外観

★ Sủi Cảo Việt Nương（越娘水餃）
（スイ・カオ・ヴェット・ヌン）
964 Trần Hưng Đạo, P. 2,
Quận 5, TP. HCM

テト（ベトナムの正月）の獅子　　テト飾り屋さん　　豚と鶏のいろいろな部位の焼き物

ホーチミン市　チョロン

チョロン2大市場とチョロンで食べたいもの

「ビンタイ市場」には2000以上の店が入っている。市場内には生鮮品はなく、市場の周りの場外に。野菜やフルーツはチョロンバスターミナル前の場外市場的な場所に並んでいる。日本で大ブームを巻き起こした、キュートなプラカゴを売っているお店は、バスターミナル前にある。

ビンタイ市場でおもしろいのは、奥にあるキッチン関連品。ベトナムならではのキュートな鍋やフライパン、お玉などの調理道具やメラミン食器などは中庭をさらに進んだ右奥にある。ちなみに中庭に祭られているのは、市場を作った方の碑。今でも次々にお参りに来る人がいる。チョロン市場は、恐ろしいトイレ（倒れそうに汚いと言われ、実は森泉は未体験）があったが改装後はキレイになった。

アンドン（安東）市場は地下が食品関係の市場と食堂。だいぶ前に改装されて、こちらも結構キレイになっている。地下は巨大な乾物市場になっていて、コーヒーなども並ぶ。食堂エリアはビンタイ市場より広く、きれいな感じ。どちらの市場の食堂も中華色が強いというよりも、ローカルベトナム食堂というメニューが並ぶ。どちらの市場も乾物類は、ものすごい種類。こんなものも使うのかと、見ているだけでも楽しめると思う。

チョロンバスターミナル前の路上青果市場

5区の香港ローストチキンの店

アンドン市場の3階は、土産物コーナー。相場はベンタン市場より安い。ただ、店によっては安いだけクオリティーが下がることも。購入する際には、よく確認してから、がおすすめだ。ベトナムは宝石の産地としても知られる。アンドン市場の1階は宝飾品も売られていて、チョロンには卸し売りをする通りもある。もちろん全部本物といわれるが偽物も含まれるそうなので、買う際はご注意を。

アンドン市場の隣は路上市場とチョロン地区唯一の五つ星ホテルウィンザープラザホテルが並ぶ。ウィンザープラザホテルにはアンドンプラザやコープマートも入っていて1階は、気になりつつ購入したことはないが、香木コーナーがある。以上が2大市場。

チョロン地区全体が通りごとに、布地通り、文房具通り、漢方薬通り、仏具通りというように、卸売りの通りになっている。ハノイの旧市街が拡大されたような感じだ。通りには食堂があったり屋台も出ている。

前ページで紹介した東源鶏飯やハーキーは、どちらもガイドブックなどでお馴染みのお店。この2軒はビンタイ市場から1kmくらいの距離で、割と近くにある。はしごをするにも便利だ。一度、5区から中心部へ、チャンフンダオ通りを歩いてみたことがあって、越娘水餃はこの時に寄った。有名店大娘水餃の支店でメニューは同じだと思う。

途中、通りには巨大な中華料理ビルがあった。チョロンにはおしゃれ中華レストランや、飲茶専門店などもある。話がそれるが、チョロンではなく、ホーチミン市1区などにある海鮮中華のお店。行くとやっぱり普通の中華料理店ではない。日式中華ならぬ、越式中華料理店だったりするのだ。結構おもしろいメニューも多くて、奥が深すぎると思う。

屋台も怪しい

中華街なのに、カリ・ガー（鶏カレー）の屋台。ブン（麺）で

ベトナムの"熱海"確かにその通り！

海ではじけるベトナム人
ド・ローカル気分を満喫！

ブンタウ Vũng Tàu

ホーチミン市から約100㎞。片道2時間程度で行けるため、ベトナム人が海水浴に行く身近なリゾートとして知られる街だ。人口も24万人ほどで、のんびりした雰囲気。最近では、ホーチミン市在住の日本人からも人気上昇中だ。別途まとめたようにバスと高速艇で行けて日帰りも可能（高速艇は夕方には終わるので、時間に注意）。

ブンタウといえば、海！　1年中泳げる。そしてシーフード。ビーチにはベトナム人があふれ（ただし、主に午前中と夕方）、とにかく賑やか。かつては水着を着る習慣がなかったそうで、今でも服で泳いでいる人も見かける。バンコットなどおいしい名物もある。日帰りもおすすめだが1～2泊してゆっくり過ごすには最高の場所だ。

メインビーチのバック（トゥイーヴァン）ビーチ。ベトナム人で賑わう。「暑いので」ベトナム人は昼間はあまり泳がない。写真は夕方の風景

行き方

ホーチミン市からバスか高速艇で。バスはお馴染みのFUTAがおすすめ。ホーチミン市1区の中心部から乗れるのもうれしい。2時間〜3時間。2018年に乗ったときは、片道9万5000ドンだったが、2019年現在、10万ドン。帰りも20時くらいまで、デタムに戻るバスがある。高速艇はサイゴン川から出る。ドンコイ通りから近くて便利（マジェスティックホテルの向かい辺り）。手前の通りが広く、交通量も多いので渡る際には気を付けて。約2時間で片道20万ドン。高速艇は一時期いろいろあって、運休したり4区に場所を移動していたこともあるが、2019年現在、元の場所に戻っている。現在のターミナルはGreenLines DP（Bach Dang Waterbus Station）。

★ FUTA（フンチャンバス）
https://futabus.vn/
デタムオフィス
272 Đường Đề Thám
格安ツアーで有名なシンツーリストの並び

①こちらはFUTA専用のブンタウバスターミナル②中・長距離バスは、大抵はおしぼりとミネラルウォーター（常温だけど）を渡してくれる③チケット。これは2018年のもの

★ GreenLines DP
（Bach Dang Waterbus Station）
グリーンラインズDP
（バック・ダン・ウォーターステーション）
https://greenlines-dp.com/
10B Đường Tôn Đức Thắng, Bến Nghé, Q1, HCM

① 2014年の高速艇ターミナル。今はずっとおしゃれになっている（写真なし）②当時の船。今もこんな感じ。全席指定

①船には目がついている。魔よけの意味があるそう②大きなクジラのモニュメント。ベトナム人にとってクジラは海の神様。クジラを食べる日本人を恐れている……③泊まったインペリアルホテルのプライベートビーチ。ここはとても静か④ブンタウのシンボルキリスト像

Vũng Tàu
ブンタウ

海老が入っているベトナムタコ（海老）焼き
バン・コット
Bánh khọt

日本のベトナム料理店にもあるので、知っている方も多いと思うが、ブンタウ名物といえば、バンコット。ホーチミン市でも食べられるが、ぜひ本場ブンタウで。直径５㎝ほどの半円状の料理で、見た目はちょっとニャチャンのバインカンに似ている（その小さいバージョン）。でも味は全然違う。そして基本的に上に乗るのは海老だ。

初めてブンタウでバンコットを食べたのは２０１４年だ。高速艇でブンタウに着くと、バイタクのおじさんに囲まれる。どこに行くの？　としきりに聞かれるが、とりあえず、歩いた。汗だくになりながら店に着いた。この日は気温38℃！　目指したのはブンタウ一人気といわれる店（当時。今は変わっているかもしれない）で、店内には炭火が轟轟と炊かれている。人間タコ焼き機ならぬ、お姉さんが煙に燻されながら、ひたすらモクモクとバンコットを焼いている。暑いからか（？）長袖。そして足の上には毛布。帽子をかぶり、そしてマスク。新種の拷問的ないで立ちに、浅草地下街で夏場の暑さに死にかかっている私たちも、思わず絶句。あえてこの仕事に従事している人たちって一体。「ありえんな」中塚が思わずつぶやいた（大丈夫。同じこと、日本ではやれないですから）。

甘食ではありません
バン・ボン・ラン・チュン・ムイ
Bánh Bông Lan Trứng Muối

ちょうど、一番人気のバンコット屋さんのすぐ隣にあるので、ぜひ買ってほしいのが、この長い名前のおやつ。ホーチミン市でも売られているのを見るが、出来立てがものすごくおいしいので本場で。こちらの店は創業1968年。見た目は甘食にちょっと似ていて2〜3㎝程度と小ぶり。実は最初にここへ来たときは、お腹もいっぱいで買わなかった。友人のタム君にその話をすると、「とてもおいしいですから。買ってみてください」ということで、2018年には店内へ。

見たのは火炙りの刑・第二弾。焼いている職人さんが一列にずらりと並ぶ姿は、まさに壮観だ。"おやつ"は下からも上からも焼かれている。使われているのはココナッツの殻。ついでにエコだ。

ここは販売のみ。レジには山のように箱が積まれているが、このおやつが好きすぎるベトナム人続出、ということらしく、爆買いして行く。まるで浅草のドラッグストアーで爆買いする中国人のように大量買いする。ホーチミン市から来たベトナム人が、土産に買って友人にばらまくのだろうか……？

「買ったその日に食べてください」というタム君の忠告を忠実に守り、2箱しか買いませんでしたよ。そしてあっという間に完食。

バン・コット

たっぷりの野菜で巻いて食べる

Bánh khọt

①バンコット。裏側はカリカリ。白っぽい生地だがターメリックで黄色くすることもある。上にかかっているのは小ねぎと海老粉②炭火でひたすら焼く③生地は店によって変わるが、米粉、タピオカ粉などを配合。ひとつずつ、小さなふたをしながら焼く④青パパイヤとにんじん。からし菜系の葉野菜とベトナムバジルがたっぷり。男性でも葉野菜をおかわりしている人がいた⑤セクシーなサービスのお姉さんは半そで⑥好みでタレに加える唐辛子。かなり辛い⑦外観。通称バンコット通りにある

★ Bánh khọt gốc vú sữa
（バン・コット・ゴック・ブー・スァ）
14 Nguyễn Trường Tộ, P.2, Tp. Vũng Tàu

バン・ボン・ラン・チュン・ムイ

隠し味に入っている塩味も最高

Bánh Bông Lan Trứng Muối

1

4

3

2

6

5

★ Bánh Kẹp Gốc Cột Điện
（バン・ケップ・ゴック・ゴット・ディエン）
17B Nguyễn Trường Tộ, P. 2, Tp. Vũng Tàu

❶焼けたら取り出し、粗熱がとれたら箱に入れる❷チーズ味、チャーボン（豚でんぶ）味などいろいろな味がある。10個入りで２万５０００ドン（約１２５円）〜。20箱ほど爆買いする人も❸専用の道具に生地を入れる❹一列に並んで、黙々と焼く。皆さん無言。ふたの上からも焼く。ココナッツの殻を利用。ひとりで４個を同時に処理。さすがプロ❺プレーンとチーズ味を購入。適度に水分を含み、ちょうどよい塩味と甘みがある。ふわっ＋もちっとしているが、日本のおやつにはあまりない食感で例が書きにくい。ぜひご自分の舌で試してみて❻外観。大きな顔写真は創業者。1968年創業の老舗だ

Vũng Tàu
ブンタウ

ナイトマーケットで海鮮三昧

ブンタウに行ったらやっぱり外せないのは海鮮料理だ。今回ブンタウで泊まったのは、インペリアルホテル。ブンタウには海水浴できるビーチが4エリアあるが、一番メインのバックビーチの中心部から少し離れたところにある五つ星ホテルだ。泊まったことのあるお客様から、ビュッフェがすばらしいと聞いていた。ナイトマーケットがすぐ近い、ビーチが目の前、という好ロケーションでもある。独立のバスダブがあり、シャワーも独立している。5つ星といっても、ベトナムの物価はかなり安いので、朝食付き2人で1泊14000円程度だ。

泊まったホテルの料理写真も一応全部撮ってあって、ズラッと並べたいのだが、ここでは少しだけご紹介したい。ベトナムのホテルは朝食のおいしいところが多い。ブッフェスタイルになっているところも結構あって、フォーなどの麺類は、朝から屋台が組まれ、料理人の方が作ってくれる。フルーツも数種類置かれ、ヨーグルトもおいしい。最近ではホテル予約サイトだと朝食がない選択もあるが、外で食べる予定がなければぜひ朝食付きにしたい。おいしいベトナムコーヒーもまず定番で用意されているから。

インペリアルホテルは、ベトナム人の利用

The Imperial Hotel Vung Tau
(インペリアルホテル・ブンタウ)
159 Thùy Vân, Phường Thắng Tam, Thắng Tam, Vũng Tàu

朝食ビュッフェのほんの一例

フォー・ボーと、ブン・ボー(麺料理)。注文すると作ってくれる

も多く、朝食の品数がとても多かった。2泊したが料理内容もかなり入れ替わり、しかもベトナム料理中心。今まで泊まった中でもトップクラスのレベルの高い朝食だった。

　さて、話を海鮮料理に戻したい。

　初日は夜に着いたので、荷物を置き、ナイトマーケットへ。ホテルのすぐ裏手にあってとても便利だ。鉄で作られたテントのような場所に大きなお店が並んでいる。屋台も出ているが、海鮮料理店は、開放的な野外レストランという雰囲気。

　大ぶりの牡蠣、ベトナムハマグリ、巻貝のたぐい、マテ貝。貝類の種類も豊富だ。鯖も最近は人気で「SABA」と書かれている。マナガツオも鮮度がよくておいしそう。そしてタコもたくさんいる（昔はそこまでポピュラーではなかったが、最近は食べるようになっている）。店頭に日本の鮮魚屋さんのように海鮮がずらりと並んでいる。

　外国人もいるが、ベトナム人が多い。大きなロブスターやカニは、物色して気に入ったものを指さし、目方を計ってもらい、いろいろ交渉してから注文している。

　ひと通り回ってから、人が多い店に入ることに。店内にはメニューがある。あちこちでベトナム人が宴会をしているので、気になるメニューがあれば、指さして注文してもいい。

　今回は、サバのレモングラス炭火焼き、貝のねぎ油焼き、牡蠣のチーズ焼き、そして炒飯（中塚の外せない定番なのだ）を注文。ベトナムビールを飲もうとしたら、何と、フィリピンビールの「サンミゲルガール」が登場。こういうお店には、キャンペーンガールがよくいるのだ。ベトナムビールが飲みたいと話すと、悲しそうな顔をして「サンミゲル～」という。ビールはサンミゲルになった。

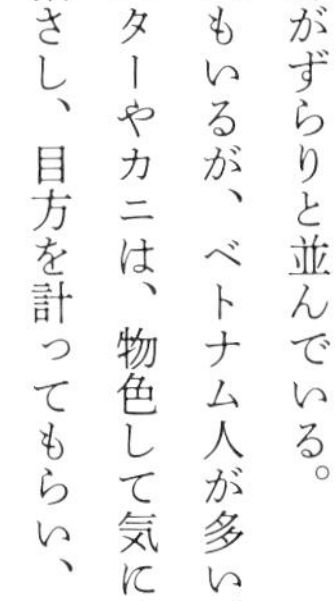

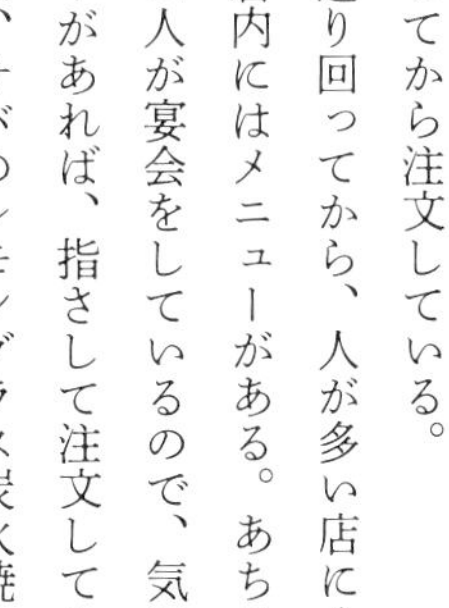

2日めは別のブン。豚ベースのスープで

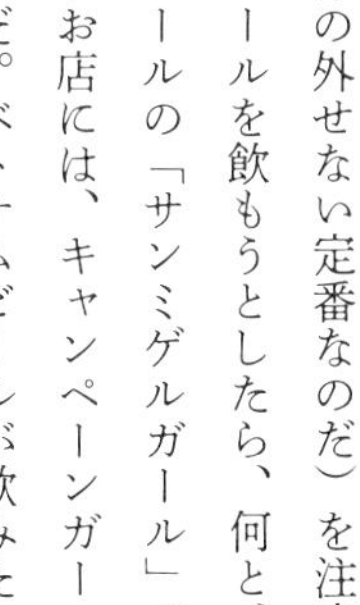

バンコットもあった。ハーブ類もいっぱい。黄色いバージョン

ブンタウの街は海鮮天国

ベトナム人の熱気に包まれながら
異国の夜を楽しく過ごそう

Chợ Đêm Vũng Tàu
ナイトマーケット

❶今回入ったのはこの店❷いろいろな魚介が並ぶ❸まながつおやエイもいた。❹貝料理いろいろ❺絶品だった牡蠣のチーズ焼き。鮮度も抜群❻炭火焼きされたサバのレモングラスホイル焼き。ライスペーパーに包み、タレをつけて食べる❼焼きホタテのねぎ油がけ❽今回注文したもの

★ Cô Thy - Quán Hải Sản
(コ・ティ)
Chợ Đêm Vũng Tàu, 165 Thùy Vân, Tp. Vũng Tàu

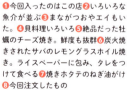

エイ鍋
Lẩu Cá Đuối

❶

❹

❸

❷

❻

❺

❽

❼

❶エイ鍋本体。この状態で来る。すでにモリモリ❷パリパリのエイの唐揚げ。❸甘辛酸っぱいタレをつけて食べる（タレにはタマリンドの種のようなものが入っていた）❹勧められた海老の焼き物。胡椒塩にベトナムライムをギュッと絞り、それをつけながら食べる。しかし、私たち２人なんです❺鍋セットのブン（麺）、かいわれ菜。野菜は、はすいもと空心菜、バナナの蕾（正確にはガク）❻好みで煮えたエイをここにつけながら食べる。なんだかんだ言って、鍋は、ほぼ完食した❼さらに中塚が頼んだ小イカの唐揚げ。スナック感覚でおいしい❽青い看板が目印。いつも賑わっている

★ Hoàng Minh - Lẩu Cá Đuối
（ホアン・ミン）
44 Trương Công Định, Tp. Vũng Tàu

とろとろに煮込まれた絶品鍋
ラウ・カー・デュオイ
Lẩu Cá Đuối

この本によく登場する、タム君。現在沖縄に住むベトナム人男子で南部出身。ブンタウ名物を聞くと、「Lẩu Cá Đuối ですね」とメールが戻ってきた。調べたときも出て来ていた！　白身魚の鍋と思っていたら、「エイの鍋」だ。前ページで紹介したナイトマーケットでも、エイ、確かに売られていた。教えてもらった人気店へ。

ブンタウの中心部は静かだ。暗い道も多いのでわかりにくいため、タクシーで向かう。

店は満席だったがここでもちょうどお客が帰り、手招きしてもらい店内へ。まず鍋を頼み、メニューを見ていると、お店の女性（オーナーさんらしき方）がこれがおすすめと指さすので、海老の焼きものと揚げたエイひれなども注文。とりあえず鍋の量がすごい。ここの店は歴史があり、丁寧にとられたスープに特徴があるそう。

まもなく鍋が到着。えいはすでに入っている。いろいろな具も。スープにはトマトやパイナップルも入っていて、甘みと酸味がある。添えられた野菜を入れながら食べる。ブン（麺）は小鉢に取って、スープを掛けながら食べる。えい鍋だけで十分すぎる量で、しかもどんどんお腹に入っていく。ホーチミン市でも食べられる店はあるが、ぜひ木場で。

Tỉnh Bình Dương
ビンズン（ビンズォン）省

日系企業が集まる省
ソンベ焼きはここで生まれた

ビンズン省は、ホーチミン市から1時間ほど。ビンズン新都市という新しい街づくりを東急系列の会社が行っていたり、日本企業の工場があったりするところだ。個人的にここに行ってみたい理由は3つあった。まず、ソンベ焼きの窯元がある。北部を代表する焼き物がバッチャン焼きだと、南はソンベ焼き。ビンズン省のソンベ発祥の焼き物だ。ソンベがライティウと改名したので、今の言い方だとライティウ焼きになる。土の肌合いを生かした素朴な焼き物で、割れやすいが味がある。

次が、ミンロン・アウトレット。ミンロンは1970年創業の、ベトナムを代表する高級磁器のブランドで、別名ベトナムのジノリ。お手頃な価格だが、品質はとてもよい。その本社があるのがビンズン省。イオンモールのすぐ近くだ。ミンロンのショールームだけならホーチミン市にもあるが、ここにはアウトレット品がたくさんある。もうひとつ、竹をユニークに使った建築で、世界的にも著名な建築家・ギア氏の作った竹でできているカフェもビンズン省にある。せっかくなら、そのカフェにも行ってみたい。

何度かに分けて（バスを使ってみたり、タクシーを使ったり、グラブを使ったり）行ってみたので、簡単に紹介したい。

ギア氏
ヴォ・チョン・ギア
Võ Trọng Nghĩa
1970年生まれ。国際的に活躍する建築家。高等専門学校から東京大学大学院まで日本で学び、その後、ハノイに建築事務所を構えている。

ビンズン省に行ってみた

省都はトゥーザ（ヤ）ウモット
焼き物が買える町

ソンベ（ライティウ）焼き
Sông Bé(Lái Thiêu)

ソンベ焼きは薪で焼くが新しい窯の製造が禁止されてしまい、2018年現在、残っているのは１軒だけだった。❶大物だけれど、買って帰りたくなる❷奥に焼き物を作るエリアがあるそう❸お宝がどっさり。続いてもらえたらいいなと思う

ゾー・バー・ヌォック・カフェ
Gió Và Nước Cafe

風と水のカフェ、という名前のカフェ。もとは上はすっぽりドームのような形になっていたのだが、行ったときには取り払われていたのがとても残念。釘を１本も使わない建築だ。❶自然に溶け込んだ雰囲気のカフェ❷竹の曲線が美しい❸中央には池がある。複雑な作り❹シントー（ベトナムスムージー）をオーダー。昼間はドリンクのみで、モーニングがある（と当時は言っていた。また変わるかも）❺看板

★ Gió Và Nước Cafe（ゾー・バー・ヌォック・カフェ）
6/28T,Trần Bình Trọng, Thủ Dầu Một, Bình Dương

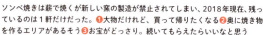

南部 Tỉnh Bình Dương

エレベーターの壁に、鯉の滝上がり（陶器）

MINH LONG / ミンロン

❶テンションが上がる、大きなカップ＆ソーサー ❷大きな看板が目印 ❸ショールームも広い。カフェも併設されていた ❹アウトレットコーナーも広い

★ MINH LONG （ミンロンアウトレットファクトリー）
888 Đại lộ Bình Dương, P. Thuận Giao, TX. Thuận An, Bình Dương
https://minhlong.com/vi

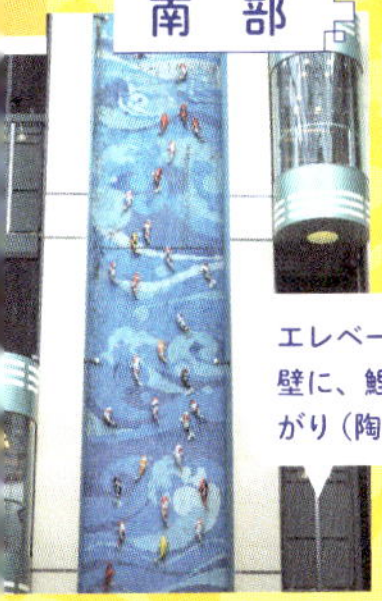

Thủ Dầu Một / トゥーザ（ヤ）ウモット

せっかくだから、省都にも足を伸ばしてみた。やけくそに大きな店を発見。南部名物を食べた ❶干し海老の旨辛煮（コークエット）。添えられたゆで野菜をつけながら食べる。生青胡椒が入っていた ❷ココナッツの新芽のサラダ ❸うさぎのスパイス煮込み。うさぎは結構肉質がしっかりしている ❹店内は独立した野外レストラン ❺入口の看板と入口の門

ザボン好きの聖地
ザボン村に行ってみたよ

初めてホーチミン市に行ったときに、ザボンとするめのサラダを食べた。衝撃的だった。だって、ザボンにするめだよ？　日本人的には組み合わせないでしょう？　しかも滅茶苦茶おいしかったのだ。

　中塚や私にとって、ザボンといえば、ボンタンアメのイメージ。九州の食べ物。一番大きなかんきつ類で、とにかくむくとワタが多い。ボリュームの半分以上がワタだ。匂いをかいでみると、ほんのりと柑橘系の甘酸っぱい香りがする。気になって調べてみた。やっぱりミカン類と同じ。ワタには栄養もある。そしてベトナムでも九州でも、ワタも立派な食材だ。

　インターネットは便利だ。ちょっと時間があるとき、いろいろなことが調べられる。

　ザボンにはいろいろな種類がある。晩白柚《ばんぺいゆ》や文旦もザボンの仲間。日本のザボンは大きくて黄色いが、ベトナムでよく見かけるザボンは、西洋なしのような形をしているものもある。種類が違うと思っていたら、実は、ザボンを最初に日本に持って来たのは島田弥市博士という方で、サイゴンの植物園から苗を買い、台湾の試験場で栽培してもらった。それが晩白柚だそう（『島田弥市自伝』より）。1920（大正9）年のこと。今から100

ザボンのサラダ
Gỏi bưởi（ゴイ・ブォイ）

島田弥市博士
1884～1971年。熊本県出身の植物学者。晩白柚の父として知られる。

年も前に、海を渡って台湾、そして日本にやって来たベトナムのザボン。考えただけでワクワクする。

　そして、さらにザボンのことを調べていたら、「ザボン村」について書いてあるブログに行きついた。ベトナムのドンナイ省というところに、どうも、ザボンがいっぱい食べられる村があるらしい。一体どういうところなんだろうか？　気になって仕方がない。

　そして、ようやく、２０１８年に初訪問した。車をチャーターしない場合の、一番よい行き方は、南北統一鉄道を使う方法。サイゴン駅からビエンホアという駅まで鉄道に乗ったら、後はタクシーで15分くらいで着くと、いろいろなブログで読んだ。でも、結局、当日寝坊をして電車に乗れず。それでも、行くと決めていたので諦めきれず。ものすごい失敗をしながら、何とか辿り着いた（あまりにもくだらないので割愛。ちょっとだけ書くと、なぜか、スイティエン公園前でバスを降りる羽目になり、心が折れかけて、スイティエン公園に吸い込まれそうになった）。

　でも、ここは初志貫徹。何とかザボン村に行きついた。

　ザボン村は、一言で言うと、ザボンがたくさん植わっている農場というか、テーマパークのようなところだった。日本にある、観光牧場のザボン版みたいなところだ。

　ザボンのオブジェがあったり、おうちがあったり、ザボン料理がいろいろ食べられる。しかも、ザボンの鮮度がいいのもあるのか、想像を超えておいしい。

　この日は平日だったが、結構人がいた。週末はかなり混雑するらしい。ホーチミン市から1時間ほどかかるので、夜にはなかなか来られないと思うが、夜も営業していた。

スイティエン公園
Khu Du lịch Văn hóa Suối Tiên
ベトナムが誇る、世界最強かつおかしな公園。ワニ釣りもできる。ホーチミン市にできる地下鉄の1本の終点駅はここになるらしい。

ザボン村はこんなところ！

田舎気分全開！　園内には散歩道もあり、癒しの空間です

絶品ザボン料理
Làng Bưởi Năm Huệ

Đồng Nai Làng Bưởi

オブジェも
ザボン

食事をするのは水辺のテーブル。釣りもできるようだった

大きなザボンが。
なっているのを初めて見た

インスタ映えするザボンのおうち。
中に入って写真が撮れる

❶ザボンのワタのフリッター。これは後を引く。多分、今想像されたのより、数10倍はおいしい。ザボンのシントー（ベトナムスムージー）。ザボンと海老のゴイ（サラダ）。サラダは海老せんべいにのせて食べる❷ザボンのチェー（デザート）。ザボンのワタでグミを作って作る。独特の粘りがある。これがまたクセになる❸チェーを作っていた場所は外から見える❹せっかくだから、ザボンも食べてみた。今まで食べたザボンとは別のもの。唐辛子塩をつけながら食べる❺お土産用のザボン。奥にあるのは、自家製のザボンのお酒❻買ってきたザボンのお酒。ホーチミン市のスーパーなどでもときどき見かける

★ Làng Bưởi Năm Huệ
（ラン・ブォイ・ナム・フエ）
Tân Triều, Tân Bình, Vĩnh Cửu, Đồng Nai

❹

❷

❺

❸

帰りはタクシーを呼んでもらい、電車がなかったので、ビエンホアバスターミナルへ。そしてバスでホーチミン市内へ戻った

❻

Đồng bằng sông Cửu Long

メコンデルタの街

ベトナム有数の穀倉地帯
魚介や農産物の恵みも多い

ホーチミン市から南下すると、メコンデルタとよばれるエリアがある。全部で12の省と、特別直轄市のカン・トーのあるエリアだ。メコン川の本流が最後に行きつく場所でもあり、肥沃な大地では稲作が盛ん。タイに次いで世界第2位の米輸出国になっているベトナムだが、その90%はメコンデルタで作られているそうだ。このエリアには何と三期作のところもある。米が年間3回も取れるのだ。果樹園などの農業や、漁業も盛んで、食べ物にもおもしろいものがたくさんあるらしい（まだあまり行けていないのだ）。

ここでは、メコンデルタの街の中でも、比較的ツアーなどでも行く機会が多い、ミ・トー、ベン・チェ、ヴィン・ロン、カン・トーの4つの街を取り上げてみたい。

ホーチミン市からメコン川クルーズツアーに申し込んだ場合、多いのが、ミトーとベンチェに行くパターン。ミトーはメコンデルタエリアの入口にあって、フーティウの本場として有名な場所だ。ベンチェは、ココナッツでとても有名な場所で、ココナッツキャンディー工場や、蜂蜜農園に行ったとしたら、そこはベンチェであることが多い。

メコン川やベンチェ川沿いには、カイバンというコルクの木が植わっていて、そこに群

メコンデルタ
南部に住むベトナム人には「Miền Tây Nam Bộ（ミエン・タイ・ナム・ボー）」という言い方も一般的

がるホタルを鑑賞することもできる。メコン川は一見濁っていて、汚いと思う方もいるようだが、水はきれい。濁っているのは栄養成分だそうだ。ホタルが生息できる環境がまだ残っていて、1年中見ることができる位だ（まだ見に行けていない）。

日帰りツアーで水上マーケットを見学に行く場所はティエンザン省。カイ・ベーというエリアで見学することができる。

カントーは、中央直轄市になっているようにメコンデルタ最大の街。ホーチミン市中心部からは170kmほど離れているので、カントーが組み込まれているツアーは1泊以上になる。カントーでぜひ見学したいのは、やっぱり水上マーケット。カントー近辺には水上マーケットがいくつもあって、それぞれ特色もあるが、カントーの船着場から近くて規模も大きいのがカイ・ランの水上マーケットらしい。ツアーでは、ライスペーパー工場見学や、カカオ農園見学ができるツアーもある。

どのツアーでも、ジャングルクルーズがある。手漕ぎの小舟に乗って、細い川をどんどん進んでいく。結構女性の船頭さんが多いのだが、とても器用に舟を操るので感動する。

あと、一番忘れてはならないのが、母なる川メコン。私たちは、メコンクルーズを2回（ヴィンロンからと、カントーからと）経験しているが、実はどちらも貸し切りで割と小さな船だった。対して、メコン川はとても広い。川幅、とすでに言えるのか？という位幅が見えない。船に乗る際ライフジャケットを着るが、この意味を心底感じた。日本人的には、遊園地のちょっとしたアトラクション並みに怖い経験でもある（かも）。

ベトナムの豊かな自然を体感できるエリア。ぜひ一度、訪れてもらいたい。

カイ・ベー
Cái Bè

カイ・ラン
Cái Răng

行き方
このエリアは、電車は通っていない。ホーチミン市からはバスか車で。カントーには飛行機でも行ける。

メコンデルタツアー
Đồng bằng sông Cửu Long

カイラン水上マーケットで。ドリンク売りの船にコーヒーを注文。現地時間6：45。船の上で飲む、本格派のベトナムアイスコーヒーは最高だった

Đồng bằng sông Cửu Long

メコンデルタの街

私たちが行ってきたメコンデルタツアー

ベトナム旅は、食べることが中心。通常は3泊5日か4泊5日のショートの旅が多かった私たち。メコンデルタツアーに申し込んだことはなかった。ホーチミン市に、フンちゃんという友人がいる。やっぱり中塚がシクロの料理長だったときのアルバイトの女性で、今はベトナムに帰っている。フンちゃんが日本にいたときに、お父さんとお母さんがシクロまで食事に来てくれたこともあり、交流が続いている。フンちゃんのお母さんは、ヴィンロンでレストランを経営している。ホーチミン市に行くと、お店に行って、地元の珍しい料理を食べさせてもらったりなど、すっかりお世話になっている。

２０１２年のことだった。いつものようにヴィンロンに行きたいと連絡をしていたのだが、ホーチミン市に着くと、フンちゃんが、「朝5時に会いましょう」という。「連れて行きたいところがあるから」。ヴィンロンからのメコンデルタツアーだった。総勢6名。ヴィンロンの船着場で交渉をして船に乗り、カイベーの水上マーケットを見学。ココナッツ&蜂蜜工場を見学し、果樹園にも行き、果樹園がある島でメコンデルタ料理を食べた。

実は、「ツアーは別にいいや」とか思っていたのだが、想像よりずっと楽しかった。その時はまだ、どこに連れて行ってもらったのかよくわからないままだったが、何年もたってから、自分たちが行ったココナッツ工場はカイベーだとわかった。写真は便利だ。

水上マーケットはとても楽しみだったが、この日は朝5時にホーチミン市郊外にあるフンちゃんのお父さんの家に行き、そこからヴィンロンに移動して船に乗った。時間が遅く、水上マーケットはほぼ終わりで、ちらっと見られただけだった。

後日、テレビ番組で、カイランの水上マーケットの様子を観た。調べたらカントーに1泊して早起きしないと行けそうにない。そのまま放置していたが、２０１８年9月に、カントーにホテルを取り、現地の旅行代理店でツアーを申し込んで行ってきた（この時、うっかりしてベトナムの休日に予約をしてしまった。一応、船は出ていたが、休日のためかなり少なかったようだ。大失敗。自分で旅を組み立てるには、ベトナムの休日チェックも忘れないようにしたい。

そんな感じだが、実際に行ってきた2つのメコン川クルーズ。両方の様子を次のページでご紹介したい。

★ベトナムの休日後日談

私がカントーでツアーを申し込んだ日は9月3日。あろうことか、9月2日は独立記念日。前後数日は銀行も休みだった。しかもこのとき、カントーからフーコックに移動したのだが、フーコック島では円の両替が厳しい（ものすごくレートが悪いか、両替できない）。それをわかっていてカントーで両替する予定だったのに、大失敗。もちろんフーコック島では両替できず。残金をチェックし続ける旅になった。

メコンデルタでできること 2つのツアーをご紹介

2012年 ヴィンロン&2018年 カントーで体験できたことをピックアップ

2012 ヴィンロン
キャンディを作る工程がわかる
蜂の巣と蜂蜜。蜂蜜チャイン茶の試飲も
昔ながらの水辺の生活が見られる
ココナッツキャンディ工場
蜂蜜
すいか屋さん。購入
冷えると完成
切っている
2018 カントー
看板。ここはくずいも屋さん
早朝の船着場。船上で日の出が見られる
カントーの魚市場
それぞれ野菜を積んでいて、お客さんを待っていた
乗った船
水上マーケット
フーティウ屋さん発見
小さな船で。ガイドさんと船頭さんと合計4人乗り

食べたもの 2012

果樹園に植わっていた、世界最大の果実・ジャックフルーツ

田うなぎの蒸し物

メコンデルタ名物の数々。スープはカインチュア・カー（Canh Chua Cá）

発酵させた後、乾燥させたカカオを選別していた

カカオの実。幹から直接ぶら下がってなっている。茶色く熟したら収穫する

食べたフーティウ

カカオ農場

チョコレートドリンクを飲むこともできる。農場ではカカオパウダーの販売も

熟したカカオの実を割ると白い果肉が。中にカカオが入っている。容器に入っているのはカカオニブ

朝ご飯に購入。麺がツルツルシコシコでおいしかった

※この日は休日であいにく工程見学は中止（それでもツアーに組み込まれているのがベトナムらしい）

ジャングルへ。この奥にフーティウ麺工場が

お餅屋さん

カイランでフーティウ麺の作り方を見学

Hủ Tiếu

カントーからカイランのツアーは、メコン川前にあったベトナム人のツアー会社で予約した。いろいろなコースがあったが、カカオ農場が見学できるツアーを選択。残念ながら農場の説明はお休みだったが、カカオがなっているところを見たり、カカオニブを試食したり、チョコレートドリンクは飲めた。

フーティウ麺の製造工程は面白かった。こは粉が用意されていたので、米を浸水する工程はない？ ちょっとこの辺がわからなかったが、製造工程を見ることができた。

機械で粉を水とこね、水を加えて生地を作る。薄くのばしてふたをして、もみ殻で火を焚きながらしばし蒸す。そして竹で編まれた細長い道具の上に広げ、しばらく干す。様子を見て、半乾きぐらいの状態ではがし、機械で切る。天日で乾かす過程で少し発酵し、水分量も減ることで、弾力が出るそうだ。

切らない状態だと、ライスペーパーだ。白以外に、黄色と紫色もあったので聞いてみると、野菜汁を加えて天然の色付けをしているそう。理由はきれいだから、だそうだ。

ライスペーパーの直径は50cm程度だった。こは観光工場だが、麺の作り方が見られるのは興味深い。カントーでも、フーティウはとてもよく食べられている麺なのだった。

本場ミトーで フーティウを食す

Mỹ Tho

この本にちょくちょく出てくるタム君は、南部のベンチェ省出身。やっぱりフーティウは日常食だそうだ。彼曰く「フォーはお金があるとき、フーティウはいつも食べます」。

ベンチェにもフーティウやさんは多いので、ミトーまで食べに行くことはあまりないが、「ベトナムでフーティウといったらやっぱりミトーです」とのこと。理由を聞くと、麺を作るのによい米があるのだそうだ。

そこで、フーティウを食べるためのミトー行きを敢行。教えてもらったお店に向かった。下調べをしたときには、通し営業で夜までとあったが、13時に着くと、クローズだとい

う。諦めきれず「TONIGHT・OPEN・AGAIN?」と聞いてみるが、単語も全く通じない。フーティウだったら、道路を渡れば食べられるという風にジェスチャーされた。いや、こちらのお店が食べたいのですが……。結局、前にテレビで観たことのあるフーティウ屋さんに行くことにした。ちょうど、ホーチミン市からのバスで来る途中に、大きな看板が出ているのを発見していた。フーティウ専門店というよりも大きなレストラン。鍋などを食べているグループもいたが、こちらはグループ向きのコースらしい。座るとフーティウなど麺料理のメニューを渡された。

カイランのフーティウ麺作り

Hủ Tiếu

① 米を粉状にして専用の機械で練り、水を加えてこのくらいの水分量にする

② 生地を薄く伸ばし、蓋をして蒸す。燃料はもみ殻だった

③ 干す。ここの店は色がついていた。黄色はかぼちゃ、紫は紫山いもでつけているそう

④ 半生状態まで、しばし天日干しにする

⑤ はがすとやわらかい

⑥ 機械で裁断してまとめる

バリエーション

円盤状に揚げたフーティウ。錦糸卵や具材をトッピングして1品に

ミトーで食べたフーティウ

ベースのスープは豚肉系

★ Nhà Hàng Trung Lương
（ニャー・ハン・チュン・ルン）
Ngã Ba Trung Lương, Quốc Lộ 1, P.10, Tp. Mỹ Tho

巨大な店で、地元ベトナム人や観光客で賑わっていた。お土産品コーナーもある。❶食べたのは、フーティウ・ミトー（左）と、フーティウ・ボー❷滑らかで後を引くフーティウの麺❸豚肉ベースのスープは透明❹トッピング野菜は、サラダ菜系の野菜、もやし、にら❺木で作られた開放的なお店❻庭も素敵❼ベトナム人の団体さんがいっぱい

Đồng bằng sông Cửu Long
メコンデルタの街

メコンデルタで食べたもの

名物をまとめてご紹介

150ページで書いたように、今回紹介するエリアには、ホーチミン市で食べられるのと同じような料理が並ぶ。各地の市場には、ベンタン市場や、チョロンの市場でみたような野菜が並んでいて、ここから来たのかな?と想像できて楽しい。フルーツもメコンデルタから届くものも多いので、より鮮度のよいフルーツを食べられる。ここでは、名物の中から、一部をご紹介したい。実際に食べた場所を記述しているが、今回紹介した場所ならどこでも食べられるという料理も多い。

また、各地の市場もご紹介したいところだが、スペースの関係で、ヴィンロンの市場で見たお花を少しだけ見ていただこうと思う。

ツアーなどでよく出てくるお馴染みの料理が、エレファントフィッシュ(象耳魚:カー・タイ・トゥオーン)の唐揚げだろう。カーが魚、タイが耳、トゥオーンが象だ。結構まるまるした大きな魚で、カサゴの松笠揚げのように、うろこがバリバリに揚げられている。そして盛り付け。ベトナムの揚げ魚は立てられて出てくる。迫力満点だ。この魚、とても上品な白身魚で、日本で食べられないのが本当に残念。

「これは何でしょう?」と、よく聞かれるのが、「ソイ・チン・フォン」。巨大な風船餅

象耳魚の唐揚げ
カータイトゥオーン
Cá tai tượng

ソイ・チン・フォン
Xôi Chiên Phồng

のようなもので、四角い餅を油をかけながら回しつつ、風船状にまとめていく。揚げ魚や鶏肉料理などに添えられるものでホーチミン市でも食べられるが、ミトーなどの名物だ。

「カイン・チュア」は南部を代表するスープで、魚が入る「カイン・チュア・カー」、海老が入る「カイン・チュア・トム」など入れる具材でいろいろな種類がある。甘酸っぱくほんのりと唐辛子の香りもするスープで、トマトやパイナップル、タマリンドなどがベースになっている。野菜がたっぷり加えられた食べるスープで、ボリュームがある。

『大使閣下の料理人』にカインチュアが出てきていて、どんなスープか食べてみたいと、お客様にリクエストをいただいたことがある。ベトナム人にとってスープはとっても重要。何がなくても、まずはスープ！　という感じだ。極端な話、ご飯とスープがあれば、一食

になるし、最後にご飯にかければ、さらさらと食べられる。基本中の基本というわけ。

フンちゃんのお母さんには、メコンデルタの家庭料理をご馳走になった。小海老をガリガリに揚げた揚げ物。カエルのスパイシー煮、ゆで青菜、ビット・ロン（孵化しかけた卵のゆでもの）、中塚のたっての リクエストで田ネズミの唐揚げ。これはとてもはまって、一時期、店にいらっしゃるお客様をつかまえては、「ネズミどうですか？」と質問していた。

すっかり出す気満々に聞こえるが、日本にはベトナムのような食用ネズミは存在していない（ちょっと違った種類なら手に入るようだが……）。そして、もぎたてのドリアン。

白いご飯に合う料理が多いので、ベトナム料理は何日食べても食べ飽きることがない。こうして書いているだけでも、思い出してお腹がぐうぐう鳴り出してしまう。

カイン・チュア
Canh chua

カイン・チュア・カー
Canh chua cá

カイン・チュア・トム
Canh chua tôm

ビット・ロン
vịt lộn
ちなみに、ホビロンはアヒルの卵で作ったもの

田ネズミ
ベトナムでも、怖くて食べないという人も。田んぼで養殖されるネズミは、おいしいとされる。

各地で食べたもの チラッと市場の花も

ほんの一部をカタログ的にご紹介

ミトー

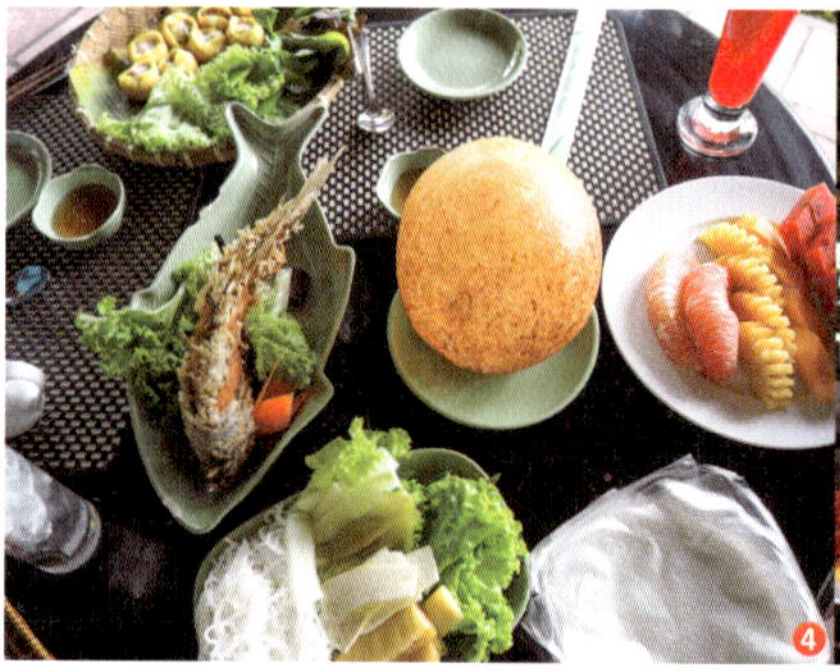

★ MeKong Rest Stop
（メコン・レスト・ストップ）
KM 1964+ 300 Quốc Lộ 1A, Châu Thành, Tiền Giang

①ブーゲンビリアが目印。ツアーで立ち寄ることも多い巨大店②広い中庭には、はす池や庭園もある③象耳魚の唐揚げ。ライスペーパーとフルーツ（青バナナ、スターフルーツなど）と巻いて食べる④真ん中のボールがソイチンフォン。サービスの方が切ってくれる

ヴィンロン

フンちゃんのお母さんの料理

①小海老のガリガリ揚げ②カエルのスパイシー煮③ゆで青菜（高菜系の青菜）④田ネズミの唐揚げ⑤ビット・ロン。自粛により殻は割っていない⑥ドリアン

ヴィンロン市場

ヴィンロン市場で見つけた「エディブルフラワー」の一部

カントー

★ Sao Hôm（サオ・ホム）
Khu E, Nhà Lồng Cổ, Quận Ninh Kiều, Cần Thơ

❶カインチュア
❷かぼちゃの花の詰め物天ぷら

カントー市場内にある

写真だと見分けがつかないが、ブン・マム（左）とブン・ヌック・レーオ・ソク・チャン。お店のご主人はソクチャンの出身だと言っていた。

★ Bún Mắm -
★ Bún Nước Lèo Sóc Trăng
（ブン・マム・ブン・ヌック・レーオ・ソク・チャン）
12 Đề Thám, P. An Cư, Quận Ninh Kiều, Cần Thơ

★ Mekong（メコン）
38 Hai Bà Trưng, Quận Ninh Kiều, Cần Thơ

❶カントーのバインセオとタレ
❷へビとハーブのサラダ

Đảo Phú Quốc

フーコック島

タイランド湾に浮かぶ『富国島』

最初に交通手段についてお知らせ

フーコック島は、憧れの島であった。アイドル的存在。多分、日本人のベトナム料理人だったら、ほぼ同じ意見だと思う（推測）。あなたは、「ヌック・マム」という言葉をご存じだろうか。ベトナム料理を作るときに欠かせない、調味料。ベトナムの魚醤だ。

フーコック島は、ヌックマムの産地として知られる島だ。出来立てほやほやの魚醤臭さに満ちている、かぐわしい島。あるとき漢字時代は「富国島」と書かれていたことを知る。テンションMAX！ 名前まで素晴らしい。

何度も同じことを書くが、ベトナムは移動が結構大変。今回書いていないが、ぼられ旅はすでに旅の醍醐味でしかない。同業者が集まるとぼられ旅自慢ができるくらいだ。フーコック島への行き方は2通り。ホーチミン市・ハノイ・カントーから飛行機で行くか、バスでスピードボート乗り場（何か所かある）に向かい、そこから船で渡るか。ホーチミン市から飛行機が一番楽だが、結局往復のかなりの時間を移動に取られてしまう。無意味にもたもた考えているうちに、時は過ぎて行き、憧れは憧れのままになっていた。この本の企画の話に出たときに、一番最初に行こうと決めたのが、フーコック島だった。

今回は、結局カントーから飛行機で行った

（45分）。9月に行ったのだが、結構毎日風が強く、海は荒れ模様。きれいな空と海の写真は、全然撮れなかった。食べるのが目的なので曇っていても問題はないのだが、リゾート旅に行かれる方は、ベストシーズンを狙えるとよいと思う（11月～4月がベストシーズン。3・4月が特によいらしい）。

1つ大切なことがある。フーコック島は、ベトナムの島の中では一番大きく、淡路島くらい。思った以上に広い。それなのにバスなどは通っていない。移動手段はタクシーか車のチャーター、バイタクもしくはレンタルバイクだが、一応、外国人が乗る場合、50ccを超えるバイクは違反の対象になる。

いろいろな場所に移動したい方は、ぜひ車のチャーターをおすすめする。

食事ができる飲食店が集中しているのは、ナイトマーケットも開催されるユーン・ドン辺りだが、いわゆるリゾートホテルは空港に近いエリアに集中している。サオビーチに行ってみたかったのと、胡椒畑が空港より下の方にあるのかな？　と思い、空港近くにホテルを取った。タクシーで移動したら、遠方だと1回片道40～50万ドンになる。サオビーチでは、降りたが最後、みんなチャーターしていてフリーのタクシーなんて一台もいない。最終的には歩くしかないかと30分くらい引き返していたら、ようやくタクシーが来て何とかなった。

近場の移動はタクシーが中心になると思うが、ホーチミン市と比べても、タクシーはやや高めだった。リゾート価格なんだろう。普段見慣れない会社のものも多いが、1回やられた以外は、特に問題はなかった。

前置きが長くなったが、さっそく島の2大名物を見に行きたい。

ユーン・ドン
Dương Đông

タクシーに1回やられた話

ホテルの前にいるタクシー（女性ドライバー）に、レストランの名前と住所を見せて乗った。行きたい場所と違うところで止まり、ここだという。店の前にはボーイがいて、どうぞと手招きする。「ここじゃない！」というと、「ここだ。名前も同じ」「いや、住所が違う」。すると「その店はもうない」「同じ料理をここも出している」「その店はまずい。人気がない」といって、移動しない。結局タクシーを降りて他のタクシーに乗り換えて目的地へ。ちゃんと店はあったし、おいしかった

フーコック島2大名物 ヌックマム＆胡椒

1 ヌックマム

タン・ハーに行ってきた

フーコック島には大小合わせると100ほどのヌックマム工場があるそうだ。見学できるところも多いが、説明を聞きたい場合はツアーに申し込むのがベスト（英語）。

1999年から日本にも輸入されている、1918創業の老舗。今でも昔からの製法を守っている。日本ではカルディで購入できる。事前に取材お願いをして行ってきた。❶工場。細い道を入った奥にある❷工場の前は川。すぐ海に出られる。この船でカーコムを獲るのだそう。今の時期は休漁だそう（9月）❸樽が並ぶ。1年〜1年半漬け込んで熟成させるそう❹樽1つ1つに番号をつけて管理❺中をのぞかせてもらった。この樽についている微生物が、おいしいヌックマムを作るのだそう❻商品。添加物など無添加。ホーチミン市のスーパーでも買える

★ THANH HÀ（タン・ハー）
Tổ 1 Nguyễn Thái Bình, khu phố 5, Phú Quốc, tỉnh Kiên Giang

見学はここで

自由見学。大樽やヌックマムを詰めている様子などを見学でき、試飲コーナーもある。大型店で45° N ヌックマムもある。❶観光バスも乗り入れていた❷仕込み工場の様子❸蓋が開いていて色や香りを確認できる❹出来立てのヌックマムを試飲できるコーナーも。おいしさにビックリ！❺お土産コーナー。いろいろな種類のヌックマムが

★ Phùng Hưng（フーン・フン）
543/90 Nguyễn Đình Chiểu , Q3

フーコック島のヌックマムだが、現在、基本的には手荷物、預け荷物とも NG となっているが、ベトジェットエアでは「ペットボトル＋きちんと梱包」という条件をクリアすると預入れ荷物で持ち出せるようになっているらしい。ちょくちょく変わる可能性があるので、ご確認を。

2 胡椒農園

島のいろいろな場所で、胡椒農園を見ることができるそう。（ツアーでは2大名物はまず入っている）。見学自由なところが多いが、最初にひとことお断りを。

❶今回行ったのはこちらの農園。タクシーがかなり迷った❷胡椒畑が広がる❸中塚の身長は172cm。胡椒の木は結構な高さだ❹胡椒の実。青胡椒を使う料理もおいしい❺お土産物コーナー。粒の大きさで金額も違う❻加工品も各種ある

Đảo Phú Quốc
フーコック島

ベトナム料理の基本調味料　1
ヌックマムについて

フーコック島に行ってみたい一番の理由は、ヌックマムの名産地だからだった。フーコック島のヌックマムは200年の歴史があり、ベトナム人に聞いても最上品だという。ヌックは水、マムは発酵という意味で、昔からの製法だと、魚に塩をして、自然発酵させる。使う魚は地域によって変わるが、フーコック島の場合は、通常、カー・コムといういわしの仲間を使う。樽に詰められたカーコムに塩をして、1年以上待つ。発酵と熟成が進み、自然と出た上澄みを取る。これが一番搾りだ。ここにさらに塩をして再度熟成させたものが2番絞り。この作業は何度か繰り返される。だんだんうま味は薄くなり塩分濃度が濃くなるので、出荷する際には調整する。

ヌックマムには必ず、40、35、25というように数字が書かれている。「N°」と示され、チッソ度数のことだが、要はうま味成分を示す。基本的には数字が高いほどうま味が増し、生食、低いものは加熱用と使い分ける。

調整したり、加熱してチッソ度数を整えて出荷されることも多いが、フーコック島では、よりフレッシュに近いヌックマムを入手できるという。おいしいヌックマムを買いに、ホーチミン市などから来るベトナム人も多いそうだ。

ヌックマム　nước mắm

カー・コム　Cá Cơm　地域によっては、イカ、鯖などで作ることもある。

ベトナム料理の基本調味料 2
胡椒について

ベトナム料理では、胡椒を使うことがとても多い。特に黒胡椒。たとえば角煮も黒胡椒をふって煮込んでいる。ベトナムは現在、胡椒の生産量世界第1位、世界のシェアは何と40%を超えている。ベトナムの胡椒生産の歴史は17世紀ごろからのようだ。その当時からフーコック島では胡椒が栽培されていたそうで、良質の胡椒が生産されていることで名高くなった。

ベトナムの胡椒輸出量が世界第一位になったのは2001年のこと。その後農薬残留問題なども起きたりしているが、改善の傾向にあるそうだ。高品質で知られるフーコック島の胡椒畑は、昔ながらの製法で、無農薬・天日干しで栽培しているということだ。

ここでひとつ、余談を。ヌックマムも胡椒も200年の歴史があるとすると、当時のフーコック島は、カンボジア、タイ、ベトナムが領有権争いをしていた時期かもしれない。

フーコック島では、古くから良質の胡椒が取れていたということだが、かつてはこの胡椒、カンボジアの高級品「カンポット胡椒」の産地だったのだと、クラタペッパーの倉田浩伸さんから教えていただいた。カンボジアのほぼ国境沿いにあるフーコック島。まだ勉強不足だが、いろいろ知りたくなっている。

フーコック島で食べたおすすめ料理

島の中にはおいしいものがギッシリ！
ほんの一部だけ食べたものをご紹介

Trùng Dương Marina

❶フーコックのゴイ・カー（魚のサラダ）。生のいわし系の魚にピーナッツがかかっている。削りココナッツ（左）をかけて、ハーブ野菜と一緒にライスペーパーで巻いて食べる❷フーコック島産の鹿肉のスイートサワーフライ。どくだみなどのハーブが乗っていた。臭みがなく食べやすい❸店内はいろいろなフロアに分かれている。大型店❹フーコック島でよく見かけたビビナ・ビール。ハイネッケンブルワリーサイゴンの商品らしい。軽口のラガータイプ

★ Trùng Dương Marina（チュン・ユーン・マリーナ）
Đường 30/4, Dương Đông, Phú Quốc

Quán Việt

❶焼きウニ。2個頼んだが、あまりにもおいしくて4個追加した❷店で勧められて頼んだ海鮮のスープ。魚介のうま味が凝縮されていた❸店内にはタイル張りのいけすが❹ローカルな雰囲気だが料理は秀逸。ゴイカーの人気店でもある

★ Quán Việt（クワン・ヴィエット）
261 Nguyễn Trung Trực, TT. Dương Đông, Phú Quốc

サオビーチ前のレストラン

❶店内は開放的な雰囲気。鍋料理などもある❷あわびのお粥。魚介のだしが効いていた❸海老の焼き物は、ベトナムライムを絞った唐辛子黒コショウにつけながら食べる

ナイトマーケットにもぜひ

ナイトマーケットは大体17時過ぎくらいから。結構広いエリアで、マーケット内にレストランも何軒もある。店の前にはいけすが並び、開放的な雰囲気。土産物やさんも多いので、ぜひ散策に。トイレも新しくてきれいだ（有料。2018年には3000ドン）❶バックダン通り沿いに入口がある❷通りの両側に店が並ぶ❸食べた店。結構広くて清潔❹店頭にはいけすが並ぶ

Đảo Phú Quốc

フーコック島

フーコックでは 海鮮料理を♪

フーコック島は海鮮の宝庫。新鮮な魚介を求めて、ホーチミン市からまとめ買いに出向く人もいるくらい、と聞いていた。実際に、外国人も多いが、ベトナム人のツーリストらしい人もかなり多い。ナイトマーケットも、結構な人が出て大賑わい。ベトナム一大きいとはいっても島だし、という感じではない。中心部は、かなりの繁華街。ベトナムらしく、500人は入りそうな大型店もちょくちょく見かける。前ページで紹介したのは、ベトナム人を多く見かけるお店だ。

リゾートにふさわしく、開放的な雰囲気。食べ物とは直接関係がないが、印象的だったのは、「チュン・ユーン・マリーナ」。まず着いたとたんにものすごいスコールに見舞われた。どうなったんだと思うくらいの豪雨で、しかも店が半室外しつらえで、トイレに行くのに傘をさしてもずぶぬれになる程だった。そして程なく、ベトナム語の『ダンシングオールナイト』が大音量で流れてきた。ベトナム人がパーティをしている。1歳の子供の誕生日パーティのよう。おじいちゃんくらいの人たちがかわるがわるマイクを持ち、続いてはベトナムの歌謡曲（ほぼ演歌）がひたすら続く（赤ちゃんの誕生日なのに……）。当然、お料理が出てくるのは遅かった。

今回は、蝦蛄が食べられなかったが、ベトナムには大きな蝦蛄がいる。フーコック島でも、体長20～25㎝もの蝦蛄がいた。大きいが味は繊細なので、ぜひ食べてもらいたい。島の東側の海岸に、ハム・ニンという漁港がある。ここは安くておいしい蝦蛄が食べられるそうだ。昼間行く予定が、暑さで中塚がダウンして、タクシーで夜向かってみた。夜は市場はほぼ閉まっていた。他に行きたい場所もあったので、ユーンドン側に戻ってしまったが、往復で80万ドンほどかかってしまった。昼間にぜひ一度訪れてみたいと思う。もちろん蝦蛄以外の海鮮も、一通り揃っている。

フーコックの市場はユーンドンにある。路上市場がかなり広く、活気があった。魚介類はもちろんのこと、肉類も鮮度のよいものが並んでいた。大きな鶉《うずら》なども見かけた。野菜類も種類が多く、獲れたてのものが並んでいるのだと思う。市場近くには漁港もあって、漁船が並んでいる様子を見ることもできる。そこにはフーコック島に住むベトナム人の日常があり、リゾートとはまた違ったフーコック島が見られて新鮮だ。

観光地的には、「ヴィンパールサファリフーコック」は北側、ギネス記録で世界最長になった「サンワールド・ホントム・ネイチャーパーク」までのロープウェイは島の一番南にある（サオビーチよりさらに下）。アントイ諸島とを繋ぐロープウェイになる。透明度抜群の海の上を旅してみたい。フーコック島の恵みを改めて感じる気がする。

フーコック島には、おしゃれなレストランやカフェ、バーもある。海にそのまま出られるようなお店もある。元気なベトナムとのんびりと過ごすベトナム。その両方を楽しめる最高のリゾート島なのだ。

ハム・ニン
Làng Chài Hàm Ninh
ベトナム側から船で渡るとここの船着場に着く。

帰りの飛行機の中で、次はいつ来られるだろうかと考える。青い空はあまり見られなかったけれど、フーコック島はやっぱり『富国島』だった。お世話になりました……。

Hẹn gặp lại

あとがき

はじめに、では妙なことを書いてしまって失礼いたしました。若いころに固く誓った思いなんて、案外いい加減なものだなと、改めて思います（笑）。私たちは、残念ながらベトナム在住経験がありません。ベトナム語もほぼ話せません（料理に関することなら、多少は読めます）。そんな2人が、基本的に自分たちでベトナムを旅するようになって今年で20年目になります。最初はおっかなびっくり。まるまるアテンドをしていただき、楽ちん旅をしたこともありました。でも、言葉ができなくても少しでも素顔のベトナムを見たい、そんな気持ちから、自力で旅しようと思うようになりました。２０００年には、首都圏に20軒ほどしかベトナム料理店がありませんでした。今は２００軒を超えているように思います。地方にも増えました。国の政策もあり、日本で暮らすベトナム人の方も格段に増えました。

ベトナムを旅すると、ベトナム人の方がいかに日本人を好きでいてくれるかわかります。

空港や橋、今は地下鉄の建設を日本の合同プロジェクトで進めているため、「ありがとうございます」と声を掛けられたことも何度もあります。「本当に日本はいい国なのかな?」と自問することも。私たちにはベトナムの方が、魅力的に映ることも多々あります。

これからも、よい関係で。更なるベトナムの発展を心より願っています。行くたびにおいしいものを食べさせてもらい、とても幸せです。末永く、よろしくお願いいたします。

「カンタン、おいしい、ベトナムごはん。」から12年。今回もご迷惑をお掛けしてしまい、編集の松本貴子さんには、頭が上りません。ありがとうございました。篠田直樹さんには、怒涛のスケジュールの中、とっても素敵なデザインを仕上げてくださり、感謝の極みです。そして、この本に携わってくださった皆様、本を手に取って読んでくださった読者の皆様にも、心より感謝いたします。

2019年　7月吉日

森泉麻美子・中塚雅之

「ベトナム料理・ビストロ　オーセンティック」とは

2007年より著者の両名が共同で営業しているベトナム料理店。高円寺→浅草（松戸）に移転。近年料理教室もスタート。著書に『カンタン、おいしい、ベトナムごはん。』（共著・産業編集センター）がある。https://authentique.at.webry.info/

中塚雅之　NORIYUKI NAKATSUKA

岡山県出身。料理人歴45年。地元岡山でフレンチからスタートし、40歳を過ぎてから東京へ。当時一世を風靡した六本木「ベトナミーズ　シクロ」で7年間料理長をした後、2007年「オーセンティック」をオープン。現在に至る。

森泉麻美子　MAMIKO MORIIZUMI

北海道出身。女性誌出版社の編集を経て、フリーの編集者＆ライターに。2007年「オーセンティック」をオープン。現在は2人シェフ体制で、メニューから作る。著書に『食材の雑学大王』（共著・日本実業出版社）、『おいしい暮らしのはじめ方』（監修・PHP研究所）など。

SPECIAL THANKS（敬称略）

Tâm Phạm　Yu Ki Ly　Khánh Nguyễn Hà　NP Quế Hương
Miai Kiwamu　Siro Sumino　Yoshihito Nakamura
Hironobu Kurata　Kenji Tsuda　Satoshi Yoshizaki　現地でお世話になった皆様

絶対食べたい　ベトナムごはん

2019年9月13日　第1刷発行

著者／森泉麻美子・中塚雅之
ブックデザイン／篠田直樹（bright light）
編集／松本貴子

発行／株式会社産業編集センター
〒112-0011　東京都文京区千石4丁目39番17号
TEL 03-5395-6133　FAX 03-5395-5320

印刷・製本／萩原印刷株式会社

©2019 Mamiko Moriizumi/Noriyuki Nakatsuka in Japan
ISBN978-4-86311-238-4 C0026

本書掲載の写真・文章・地図を無断で転記することを禁じます。
乱丁・落丁本はお取り替えいたします。